브라이언 트레이시
성공의 지도

브라이언 트레이시
성공의 지도

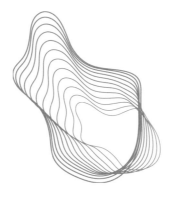

브라이언 트레이시 지음 | 정미나 옮김

GET IT DONE NOW!
OWN YOUR TIME, TAKE BACK YOUR LIFE

갤리온
GALLEON

많은 사람이 일을
삶에서 겪어야 하는
벌쯤으로 생각한다.

이렇게 생각하는 사람들은
벌이도, 성과도 낮을 수밖에 없고
경제 계층에서
바닥권을 벗어나지 못한다.

사람들은 내게 묻는다.

"어떻게 해야 돈을 더 많이 벌 수 있을까요?"
"어떻게 해야 더 빨리 성공할 수 있을까요?"

답은 간단하다.
"매일 자신의 일에 일념을 다해 충실할 것."

다시 말해 뿌린 것보다 더 많은 것을 거두려는
생각을 버려야 한다.

자신이 열과 성을 다해
하고 싶은 일을 찾아라.

최상의 결과를 얻기 위해
오늘 해야 할 가장 중요한 일부터
최선을 다해 완수하라.

우리 모두에게 공평하게 주어진
한 번뿐인 인생,

후회 없이 매듭지을 수 있는 성공의 길은
바로 우리 눈앞에 열려 있다.

자신만의
성공의 지도를 그리기 위하여

세상에는 유명한 인물이 많은데 그중 누군가가 이런 명언을 남겼다. "한눈팔기는 굶기고 집중력은 잘 먹여라." 내가 이 책에 담으려 한 이상을 잘 포착한 말이다.

우리는 역사상 기술이 가장 진보한 시대를 살고 있다. 하지만 어찌된 일인지 스스로의 생산성을 최상으로 유지하는 능력은 다른 시대 사람들보다 나아지지 않았고, 많은 사람이 이 문제로 힘들어한다. 어떻게 이럴 수 있을까?

스마트폰, 유용한 앱, 상상을 초월할 만큼 빠른 초고속 인터넷이 출현해 한 번의 클릭만으로 정보든 상품이든 해결책이든 대부분 구할 수 있는 세상이 되었는데 어째서 수

많은 사람이 최상의 생산성을 유지하는 것을 그토록 힘들어할까? 어째서 이 기술들이 업무와 일상에서 가장 중요한 문제에 집중하도록 우리를 해방시켜주지 못할까?

이 의문에는 한 단어로 답할 수 있다. 바로 '한눈팔기'다. 오늘날의 놀라운 기술에는 부정적인 측면이 뒤따른다. 우리 대다수는 귀중한 시간을 말 그대로 잘못된 대상에 집중하며 흘려보낸다. 잘못된 대상이란 단순히 자질구레한 일, 잡담, 긴급 뉴스의 헤드라인 따위가 아니다. 끊임없이 쏟아져 들어오는 이메일, 문자메시지, 알림, 광고를 얘기한다. 중요하고 심지어 당장 확인해야 할 것 같지만 실제로는 그저 삶을 더 복잡하게 꼬아놓고 목표에서 더 멀찍이 떼어놓는 것들이다.

당신이 오늘날의 대다수 사람들과 같다면 할 일이 너무 많은데 시간은 너무 없어서 쩔쩔매기 마련이다. 할 일을 따라잡으려 기를 쓰는 사이에도 새로운 일거리와 책임이 파도처럼 계속 밀려들어 온다. 그런 탓에 이리저리 애써도 해야 하는 일들을 모두 처리할 수 없다. 할 일이 밀리지 않을 도리가 없다. 마치지 못해서 밀린 일과 책임이 언제나 남아 있다. 어쩌면 산더미처럼 쌓여 있을 것이다. 그렇기에 언제나 가장 중요한 일을 선별하고 일을 시작해서 신속하고 훌룽하게 마치는 능력이 그 어느 시대보다도 중요해졌다. 요즘은 그런 능력이 다른 자질이나 실력보다 성공에 더 큰 영향을 미칠 가능성이 높다.

나는 이 책에서 매 순간 가장 중요한 일을 찾아내고 계획대로 마치는 데 유용한 여러 가지 마인드, 기술, 전략을 설명했다. 지금까지 고안된 시간 절약 방법 중 가장 뛰어난 것들도 소개했다. 체계를 세우고 잘 지키는 방법, 매일 미리 계획을 짜야 하는 이유, 피해야 할 나쁜 습관인 꾸물거림과 내가 진심으로 지지하는 창의적인 꾸물거림의 차이, 가정에서 생산성을 향상하는 팁 등도 전하려 한다.

이 책을 읽으면 알 테지만 생산성은 과학적이다. 실제로 생산성의 과학은 피터 드러커$^{Peter\ Drucker}$의 『자기경영노트$^{The\ Effective\ Executive}$』나 내가 쓴 『잠들어 있는 시간을 깨워라$^{Time\ Power}$』와 『개구리를 먹어라$^{Eat\ That\ Frog}$』 같은 획기적인 책을 통해 수십 년에 걸쳐 검증되고 증명되었다.

오늘날에는 시간 관리나 생산성에 관한 자료를 이전의 어느 시대보다도 많이 접할 수 있다. 또한 사람들이 실제로 직장에서 시간을 보내는 방식과 스스로 생각하는 시간 할애 방식의 차이점도 자세히 연구되었다. 이 책에 그 조사 결과들을 소개했는데, 읽어보면 뜻밖의 내용에 충격을 받을 것이다.

나는 이 책에서 생산성과 관련하여 검증된 사실을 알려주는 동시에 잘못된 통념과 반쪽짜리 이론을 거둬낼 것이다. 그럼으로써 당신이 자신은 물론이고 소중한 이들의 삶에도 더 큰 영향력을 발휘할 보물 같은 아이디어를 얻게 해주고 싶다.

명확한 목표를 세우자. '생산성'이라는 무기를 손에 넣어 한정된 시간을 관리하고 최대 효율을 이끌어내자. 한 번뿐인 인생, 자신만의 성공의 지도를 그려나갈 수 있도록 돕는 것. 이것이 내가 이 책을 쓴 이유다.

차례

CHAPTER 1

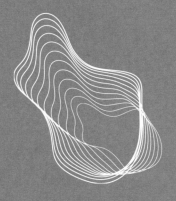

일의 태도는
성공의 기본이다

생산성은 성과를 거두는 능력이다. 여기서 말하는 성과란 다른 사람들에게 유익함을 제공하고 삶을 변화시키게 해주며 좋은 결과를 얻도록 돕는 것이다. 오늘날의 큰 비극은 많은 사람이 자신의 학업을 최소한의 수준에 맞추고 있다는 점이다. 가능한 한 쉬운 학업 진로를 선택해 그저 졸업할 수 있을 정도의 평균적인 성적을 얻으려고 한다. 따라서 고용주가 기꺼이 대가를 지불할 만한 성과를 거두는 능력을 꾸준히 향상하지 못하고 있다.

나는 더 뛰어난 성과를 더 빠르게 거두기 위해 활용할 수 있는 정신적·신체적 도구를 전해주려 한다. 이 도구를 잘 활용하면 더 많은 돈, 더 나은 경력, 무엇보다 자기 자신에 대한 믿음을 얻는 데 도움이 된다. 단지 돈을 벌기 위해서

나 상사의 눈에 들기 위해 생산성을 갖추는 것은 바람직하지 않다. 생산성은 스스로의 행복감을 위해 갖추어야 한다.

몇 년 전 동기부여 강사 얼 나이팅게일Earl Nightingale이 말했듯, 우리는 다른 사람들을 위해 거둔 성과와 정비례하여 삶을 보상받는다. 우리는 어떤 경우든 적절한 보상을 얻는다. 즉, 그 이상도 이하도 아니라 받아 마땅한 만큼만 받는다. 뿌린 것보다 더 많은 것을 거두려는 과욕을 부리다 망하는 사람들이 많다. 자신이 받을 만한 것 이상을 얻으려 애썼기 때문이다. 얼의 말마따나 'deserve(받을 만하다)'의 어원인 라틴어 'deservire'는 'servire(도움이 되다)'에서 유래한 단어다. 당신이 쟁취한 보상은 다른 사람들에게 어떤 식으로든 도움이 됨으로써 얻은 것이다.

나는 이런 질문을 자주 듣는다. "어떻게 해야 돈을 더 많이 벌 수 있을까요? 어떻게 해야 더 빨리 성공할 수 있을까요?"

그때마다 이렇게 대답한다. "매일매일 하루 종일 일념을 발휘하여 다른 사람들을 돕기 위한 활동에 집중해야 합니다. 다른 사람들이 목표를 이루고 약속을 이행하고 장애물을 극복하고 문제를 해결하는 데 도움이 되도록 당신의 지식과 기술을 향상하는 활동에 집중하세요. 언제든 다른 사람들에게 도움이 되겠다고 생각해야 합니다." 이런 자세가 바로 생산성이다.

많은 사람이 일을 삶을 헤쳐나가기 위해 겪어야 하는 벌쯤으로 생각한다. 이렇게 생각하는 사람들은 사회의 경제 계층에서 바닥권을 벗어나지 못한다. 다른 사람들에 비해 벌이가 적고 자주 실직하며 여간해서는 승진도 잘 못 한다. 사실 일은 우리에게 개인적인 충족감을 안겨주는 요소다. 따라서 우리는 자신이 어떤 일을 가장 좋아하는지 알아야 한다.

『놓치고 싶지 않은 나의 꿈 나의 인생Think and Grow Rich』의 저자 나폴리언 힐Napoleon Hill이 말했듯, 자신이 정말로 좋아하는 직업을 찾으면 앞으로 일은 고역이 아니라 즐거움이 된다. 당신 인생에서 가장 중요한 책임 한 가지는 꿈을 크게 꾸며 좋아하는 일을 하는 것이다. 명심하라, 이것이 당신에게 주어진 임무다.

내가 임원으로 일하고 있을 때 이렇게 부탁하는 사람들이 있었다. "제 나이가 35살인데 삶에서 뭐 하나 내세울 만한 성과가 없어요. 저를 좀 도와주시면 안 될까요? 저를 이끌어주실 수 있나요? 제가 일을 잘하고 보수를 받기 위해 필요한 훈련과 지원을 귀사에서 받아볼 수 있을까요?"

내 대답은 이랬다. "그렇게 해줄 수 있는 사람은 당신 말고는 없어요." 그런 일은 좋은 부모가 되는 것과 같아서 남들에게 위탁할 수 없다. 좋은 남편이나 좋은 부모가 될 수 있는 사람은 당신뿐이다. 다른 누구도 아닌 당신이 가족과 얼굴을 마주보며 머리와 무릎을 맞대고 마음을 터놓아야 한다. 다른 방법은 없다.

따라서 당신이 할 일은 즐겁게 할 만한 일거리를 찾는 것이다. 세상의 모든 분야에서 일할 수 있다면 어떤 일을 하고 싶은가? 그 일은 현재 당신이 하는 일과 얼마나 다른가? 당신이 지금 하는 일을 좋아하지 않는다면 한 걸음 떨어져 자문해봐야 한다. '내가 하고 싶어 하는 일은 뭘까?'

많은 사람이 이렇게 말한다. "나는 지금의 일을 좋아하지 않으니까 다른 일을 찾아보는 게 좋겠어." 잠깐, 결론을 내리기엔 아직 이르다. 사람은 자신이 잘하는 일을 할 때 비로소 자신의 일을 좋아하고 생산성을 띠게 된다. 따라서 당신이 지금 하는 일에서 실력을 갖춰야 한다. 단지 실력이 그저 그렇다는 이유로 지금 하는 일을 그만둬선 안 된다. 때로는 단 한 걸음의 진전이 돌파구가 되어 일을 잘하게 되는 경우도 있기 때문이다. 갑자기 온 세상이 환해지며 행복감이 밀려들면서 어서 빨리 일하고 싶어 안달 나게 되는 순간이 찾아오기도 한다.

성공한 사람들은 예외 없이 자기 단련이 되어 있다. 일찍감치 일을 시작하고, 더 열심히 일하며 더 늦게까지 남아 일하고, 더 많은 일을 해내도록 스스로를 단련한다. 이들에게 일은 충족감을 얻는 방법 중 하나다. 그러므로 일을 하는 게 아니라 이른바 놀이처럼 재미있게 활동하도록 단련해야 의욕이 자극된다. 성공한 사람들에게는 성과를 내는 능력과 일이 살아 있다는 것을 행복하게 느끼게 해주는 요소다.

나는 방문판매 영업을 시작했을 때 아침 6시나 6시 30분에 일어나 7시나 7시 30분에 일하러 나갔다. 이후에는 집집마다 문을 두드리고 다니는 식으로 영업을 했다. 차가 없어서 시내로 나가려면 버스를 타야 했고 몇 시간씩이나 이집 저 집 문을 두드리고 다니기 일쑤였다. 저녁에도 이웃 동네의 아파트와 주택을 돌며 문을 두드리곤 했다.

그렇게 일한 지 30일이 지나서야 겨우 첫 판매에 성공했고 그나마도 판매 실적이 변변치 않았다. 그 뒤로도 실적이 일주일에 1, 2건에 그쳤다. 돈벌이가 시원치 않아 생활이 어려웠다. 내가 직접 경험했기에 하는 말이지만 자신이 하는 일에 실력이 별로 없으면 똑같이 실력 없는 사람들끼리 유유상종하게 된다. 그러다 보면 얼마 지나지 않아 원래 다 그런 것이라는 식으로 사고하게 된다. 이쪽 분야에는 원래 잘하는 사람이 없고, 영업은 힘든 일이고, 앞으로도 힘들기만 할 것이라는 사고방식에 젖어버린다.

그러던 어느 날 나는 잘 나가는 한 영업 사원에게 조언을 구했다. 그는 회사에서 가장 높은 실적을 올리면서 다른 사원들보다 최대 10배를 벌고 있었다. 돈은 남들보다 더 많이 버는데 일을 아주 열심히 하는 것 같지도 않았다. 아침 9시부터 일을 시작해서 오후 5시나 5시 30분에 퇴근했다. 그렇게 여유 있게 일하면서도 그는 근사한 레스토랑에서 외식을 하고 주머니가 두둑했다. 반면 나는 죽어라 일하면서도 버스를 타고 다녔다. 조언을 구하는 내게 그는 이렇게 말했다.

"영업 관련 서적들은 읽어봤어요?"

지금은 책 읽기를 좋아하지만 당시 나는 이렇게 되물었다. "영업 전문서가 있다고요?"

"그럼요. 영업계의 최고 실력자들이 쓴 아주 괜찮은 책이 몇 권 있어요."

나는 믿기지가 않아 당장 서점으로 갔다. 무일푼으로 시작해 부자가 된 영업 귀재들이 펴낸 책이 정말로 수십 권이나 판매되고 있었다. 나는 처음으로 그중 한 권을 구입했다.

나는 책을 움켜쥐고 집으로 와서 읽기 시작했다. 『판매속도 높이기』라는 그 책을 펼치자 30년간 경력을 쌓으며 고위 간부직까지 올라가 대규모 영업 부서의 인력을 채용, 훈련, 관리하고 있는 인물이 영업 비법을 알려주었다.

어디에서부터 시작하고, 어떤 사람에게 어떤 식으로 다가가고, 마주하면 어떤 말을 하고, 그 뒤에는 또 어떻게 하고, 경쟁자에 맞서서 어떤 자세를 취할지 등등의 요령이 가득했다.

이후 믿기지 않는 일이 일어났다. 천국에라도 간 기분이었다. 책을 읽고 또 읽다 보니 판매 실적이 차츰 올라갔고 만족감은 그만큼 커져갔다. 더 많은 돈을 벌게 되었고, 사람들은 내가 묘약이라도 먹은 것 같다며 신기하게 바라보기 시작했다.

그때 한 가지 의문이 생겼다. '내가 더 좋은 실적을 내기 위해 필요한 온갖 영업 기술 중에서 가장 중요한 것은 뭘까?' 답은 판매를 성사시키는 것이었다.

이제는 문을 두드리고 다니며 말을 거는 것은 더 이상 두렵지 않았다. 때로는 너무 많은 말을 너무 빠르게 늘어놓았다. 그러다 나중에 가서야 깨달았다. 고객을 상대할 때는 말을 줄줄 늘어놓아서는 안 된다. 이것저것 물어보고 대답을 주의 깊게 들으며 해당 고객의 삶이나 업무의 질을 높이는 데 도움이 될 방법을 찾아야 한다.

질문하고 나면 자신의 상품이나 서비스가 그 고객에게 이상적이라는 근거를 제시해야 한다. 이를테면 고객이 더 나은 성과를 얻거나 생산성을 높이거나 삶의 성취를 증진하여 소득을 높이는 데 어떻게 도움이 될지 설명해줘야 한다.

알고 보니 나의 가장 큰 문제는 판매를 성사시키는 것이었다. 나는 그 마지막 순간에 이르면 얼어붙기 일쑤였다. 자동차 전조등 앞에 선 도로 위의 사슴이 된 듯했다.

"그래, 이번엔 판매를 성사시키는 요령을 배워보자." 이번에는 서점에 가서 판매 성사 요령을 다룬 책을 닥치는 대로 찾아봤다. 이 책들을 집으로 가져와 평일 아침과 저녁은 물론이고 주말에도 읽으며 공부했다.

한 달도 지나지 않아 내 수입은 4, 5배로 뛰었다. 1년이 채 안 되어 10배까지 늘었는데 모두 고객에게 주문을 권유하는 여러 방법을 익힌 덕분이었다. 그중 사람을 조종하려 하거나 강매하거나 물고 늘어지는 방법은 하나도 없었다. 그저 고객이 구매를 결정하는 데 도움이 되어줄 유익하고 재치 있는 질문을 했다.

이후 다른 사람들에게도 내가 습득한 방법을 알려줬더

니 그들의 판매 실적도 갈수록 높아졌다. 얼마 지나지 않아 나는 영업 부장으로 승진해 다른 영업 사원들을 채용하게 되었다. 나는 신입 사원들에게 기본적인 영업 방법을 가르치면서 주문을 권유하는 방법도 함께 알려주었다. 고객의 구매 욕구를 자극하고 주문을 권유하는 일을 사원들이 더 잘하도록 도운 그 수년 동안 나는 많은 사람을 큰 부자로 만들었다. 부자로 만든 사람들의 수로 견주자면 역사상 그 누구에게도 뒤지지 않을 것이다. 내가 쓴 여러 책은 현재까지 30, 40개국의 언어로 번역 출간되었고 수백만 명의 영업 종사자들이 지침서로 활용하고 있다. 빅 코넌트Vic Conant의 말에 따르면 오디오 출판업체 나이팅게일 코넌트Nightingale-Conant에서 설문 조사를 했는데 내가 알려준 비법을 활용해 부자가 된 사람이 다른 방법으로 부자가 된 사람보다 많았다. 놀라운 일은 아니다. 나 역시 그 비법으로 부자가 되었으니까.

그러니 단언컨대 당신에게도 유용할 것이다. 한 가지 더 귀띔하자면 모든 영업 기술은 배워서 익힐 수 있다. 자기 분야에서 최정상에 올라선 사람들도 경력 초반에는 자신도 형편없었다고 털어놓는 경우가 많다. 상품을 잘 팔지 못해서 배를 곯는 설움을 겪었거나, 차에서 먹고 자는 신세였거나, 친구 집에 얹혀살며 바닥에서 자는 시절을 겪었다고 회상한다.

이들도 그런 시절을 겪은 이후에 기술을 습득했다. 어떤 기술이든 다른 누군가가 배웠다면 당신도 배울 수 있다. 이점이 생산성의 가장 경이로운 대목이다. 당신에게는 지금보다 5배, 10배까지 생산성을 높일 능력이 있으며 그 기술은 아주 단순하고도 간단하다. 어떻게 아느냐고? 실제로 당신의 주변엔 당신보다 훨씬 많은 돈을 버는 사람들이 있기 때문이다. 이 사람들도 초기에는 지금의 당신보다 수입이 훨씬 낮았다. 하지만 이들은 내가 이 책에 담은 몇 가지 기술을 습득하고 높은 생산성을 손에 넣었다. 단순히 기술을 익히는 데 그치지 않고 연습을 거듭한 끝에 성공을 거뒀다.

처음에는 모든 것이 어렵지만 반복해서 노력하면 갈수록 쉬워지며 자동적으로 할 수 있을 만큼 몸에 밴다. 저절로 쉽게 높은 생산성을 낼 수 있다.

지금 내가 시급 1000달러에 채용하겠다는 제안을 받으면 거절할 수밖에 없을 것이다. '미안합니다. 제 시간은 훨씬 많은 돈을 벌기 위해 예약되어 있습니다. 도움을 드리고 싶지만 그 돈을 받고 일하긴 곤란합니다.'

나는 첫 직장에서 시급 1달러 12센트를 받았다. 당시 시급 5달러를 주겠다는 제안을 받으면 이렇게 대꾸했을 것이다. '시급 5달러를 주신다면 무슨 일이든 다 하겠습니다.'

지금은 1000달러를 제안해도 받아들이지 않을 것이다. 내 주위에도 시급 1000달러에 심드렁해할 사람이 수없이 많다. 이들도 처음에는 아무것도 없이 시작했다. 그야말로 바닥에서부터 올라온 것이다.

무엇보다 중요한 문제는 결정이다. 얼마나 벌고 싶고, 그 돈을 벌기 위해 무엇을 해야 하고, 어떤 기술을 습득해야 하고, 벌고 싶은 그 액수를 사람들이 기꺼이 지불하게 할 성과를 내기 위해 시간과 삶을 어떻게 체계화할지 등등을 결정해야 한다.

앤절라 더크워스Angela Duckworth는 『그릿Grit』에서 성공한 사람들의 가장 중요한 특징으로 결의를 꼽았다. 성공한 사람들은 큰 좌절을 겪어도 스스로를 일으켜 세우면서 노력을 이어가는 기질이 있다. 매일, 매시간 끈기 있게 앞으로 밀고 나간다. 아무리 많은 좌절에 부닥쳐도 오뚝이처럼 다시 일어난다. 이들에게는 자신이 습득해야 할 기술을 가려내서 언제든 그 기술을 의식적으로 실행하는 경향도 있다.

자수성가한 백만장자와 억만장자들의 성공 비결 가운데 하나는 한 번에 하나씩의 기술을 갈고닦는 성향이다. 게다가 이런 부자들은 다들 아침 일찍 일어난다. 앞으로 확인하겠지만 성공한 사람들은 아침 5시나 6시에 일어난다. 특히 자수성가형 갑부들은 대부분 6시 전에 일어난다.

나도 수년 전부터 일찍 일어나기로 결심하고 실천해왔다. 이제는 머리와 알람 시계가 연결되었는지 침대에 누워서도 시간을 알 수 있다. 일어나면 집에 불이라도 난 것처럼 바로 몸을 움직인다. 침대에서 일어나면 운동으로 하루를 시작한다. 날씨가 1년 내내 온화한 샌디에이고 지역에 사는 덕분에 연중 대부분은 아래층으로 내려가 수영장에 뛰어들어 10회에서 20회쯤 왕복 수영을 할 수 있다.

몇 년 전 집을 구할 당시 내가 원한 조건은 10회의 스트로크가 가능하게 긴 수영장이 있어야 한다는 것이었다. 여러 집을 살펴본 끝에 이 집을 발견했는데 수영장 끝에서 끝까지 걸음의 수로 재어보니 스트로크를 10회 할 수 있었다.

수영장에서 5번 왔다 갔다 하며 50회의 스트로크를 하면 잠이 확 깬다. 20분도 안 되어 하루를 끌어갈 에너지가 충전된다.

부자들은 일찍 일어나는 것 외에 매일 60~90분 정도씩 공부를 한다. 언제나 열심히 공부하고 책을 읽는다. 세상의 수많은 책을 누가 사서 읽을까? 가난한 이들은 아니다.

부자의 집에 가보면 곳곳에 책이 있다. 부촌의 고가 주택을 취급하며 성공한 한 부동산 중개인과 얘길 나눈 적이 있다. 그가 말하길 부유한 사람들은 책이 아주 많아서 주택을 구입할 때 책을 비치할 공간을 원했다고 한다. 즉, 서재를 원했다. 그 부동산 중개인으로서는 부유한 사람들을 위해 공간이 넉넉한 서재를 준비하는 것이 최선의 유인책 중 하나였다.

기업 전문 작가 짐 론^{Jim Rohn}도 부자들의 집에 가보면 집안 곳곳에 책이 있다고 말했다. 그런데 가난한 사람들의 집에 가보면 형편이 허락하는 한도 내에서 최대한 큰 TV는 있어도 책은 안 보인다. 책을 읽지 않는 것이다.

부자들은 상당수가 TV 방을 따로 둔다. 작가 로버트 앨런^{Robert Allen}은 멋진 집에 사는데 영화관처럼 장비가 좋은 TV 방을 갖추었다. 하지만 TV를 보려면 집의 반대편으로 이동해야 한다. 아무 생각 없이 TV를 보기가 힘들도록 일부러 그렇게 배치했기 때문이다.

저녁에 돌아오거나 아침에 일어나거나 주말에 집에 있을 때 리모컨 버튼만 누르면 TV를 볼 수 있도록 편한 환경을 만들지 말라. 부자들은 평균적으로 하루에 1시간이나 1시간 반쯤 TV를 본다. 반면에 가난한 사람들은 하루 평균 TV

시청 시간이 5~7시간이다.

그럼 부자들은 TV를 안 보고 대체 뭘 할까? 가족과 함께 하며 시간을 보낸다. 배우자와 대화를 나누고 아이들과도 얘기한다. 아이의 품성, 자존감, 자신감의 발달은 부모가 말을 걸고 물어보며 아이의 말을 들어주는 시간이 얼마나 되느냐에 따라 영향을 받는다. 이런 시간은 절대적으로 중요하다.

바람직한 결혼 생활을 하는 부부는 저녁에 퇴근하고 나면, 즉 이른바 능력의 시간hour of power이 되면 배우자와 얘기를 나눈다. '리모컨 어딨어?' 하며 자리를 피하고 저녁 시간 내내 TV만 보고 있진 않는다.

부자들의 습관 중 하나는 다음과 같은 태도다. 이들은 꾸준히 가족과 관계를 쌓고 늘 배우려 한다. 또한 책을 많이 읽는다.

우리 부부는 아이가 넷인데 모두가 보는 책이 책장과 서재에 가득하다. 책을 끼고 산다. 가끔은 나보다 책을 더 많이 읽는 듯할 때도 있다. 나도 나름대로 하루에 3시간 이상 책을 보는 독서광인데 말이다.

이런 생활 태도는 성공한 사람들에게서 나타나는 습관이다. 성공하고 싶고 부유해지고 싶다면 부자들이 하는 대로 하고, 가난해지고 싶다면 가난한 사람들이 하는 대로 하라.

'부자 되기'에 관한 저서 가운데 역사상 가장 성공한 예는 나폴리언 힐의 『놓치고 싶지 않은 나의 꿈 나의 인생』이다. 힐은 아마도 역대 작가들 가운데 가장 많은 백만장자를 탄생시켰을 것이다. 스스로도 백만장자 제조기라 자부했는데, 여담이지만 그것이 애초의 목표였다. 백만장자 제조기로 명성을 얻겠다는 목표를 세운 힐은 자수성가한 백만장자들과 22년간 인터뷰하며 부자가 된 방법을 찾아내고 그 성공 비결을 하나의 체계로 정리해냈다. 덕분에 많은 사람이 주방에서 조리법 보듯 이 체계를 참고해서 따라 하며 비결을 습득했다.

나는 요리에 재주가 없지만 몇 가지 음식은 잘 만든다. 얼마 전 한 사람이 그 음식들을 그렇게 잘 만드는 이유를 물었다. 나는 연습 덕분이라고 말했다. 몇 번이고 연습하고 또 연습했다. 처음 만들었을 땐 맛이 별로였지만 몇 주나 몇 달 후에는 맛이 무척 좋아졌고 별생각 없이도 뚝딱 만들 수 있게 되었다. 재능이 없어도 꾸준히 연습하면 저절로 척척 음식을 만들며 기찬 맛을 낼 수 있다.

나는 요리 기술이 전혀 없었지만 지금은 요리 기술이 있다. 한때는 영업 기술이 하나도 없었지만 지금은 영업 기술이 있다. 그리고 지금껏 그 영업 비결을 83개국 200만 명 이상의 사람들에게 가르쳤다.

요즘은 사람들에게 이런 말을 듣곤 한다. '선생님이 제 삶을 바꾸어주셨어요. 선생님 덕분에 부자가 되었어요. 예전에는 영업이 익힐 수 있는 기술이라는 걸 몰랐어요. 영업이라고 하면 그저 밖에 나가 문을 두드리고 다니다 마침 상품이 필요한 사람과 이야기 나누게 되길 기대하는 일인 줄만 알았지, 과학이고 기술이고 연습이라는 사실은 미처 몰랐어요.'

나폴리언 힐에 관해 더 이야기해보자. 그는 연구를 계속하며 또 다른 저서 『생각하라! 그러면 부자가 되리라The Master Key to Riches』를 써냈다. 그는 여러 책을 썼는데『놓치고 싶지 않은 나의 꿈 나의 인생』과 더불어 이 책이 특히 뛰어나다. 그는 대략 250쪽에 걸쳐 이야기를 풀어나가다 마지막 장의 마지막 문단, 마지막 줄에서 이렇게 결론 내린다. "부자가 되는 마스터키는 자기 단련이다."

어떤 사람들이 성공을 거두는 이유는 자기 단련을 고차원적으로 했기 때문이다. 나도 그동안 집필한 세계적 베스트셀러들 중 한 권인 『변명은 그만No Excuses』에서 자기 단련을 다루었다. 이 책은 세계 여러 곳의 독자들이 내 사인을 받기 위해 길게 줄 설 만큼 큰 인기를 모았다.

이 주제를 철저히 연구한 결과에 따르면 인간은 자기 단련을 통해 거의 대부분을 이룰 수 있다. 자기 단련을 하지 않으면 아무것도 이룰 수 없다. 비범한 일을 성취해낸 사람들은 한눈팔 거리와 전자 기기들에 둘러싸여 있어도 주의가 흐트러지지 않도록 자신을 단련한다.

삶을 성공으로 이끌어주는 열쇠 하나는 전자 기기 꺼놓기다. 전원이 켜져 있다면 _끄라_. 이메일을 확인해야 한다면 하루에 2, 3번만 확인하라. 기기의 전원을 켜서 이메일을 확인하고 답장을 보내면 다시 전원을 꺼야 한다. 전원을 켜놓으면 지나치게 한눈을 팔게 된다. 이메일 알림이 울리면 어떤 메일이 왔는지 바로 확인하고픈 마음을 억누르기 힘들어진다. 말하자면 알림음에 자동 반사적으로 반응하여 이른바 슬롯머신 효과 slot-machine effect에 빠진다. 앉아서 뭘 하다가 이메일 알림이 울리면 슬롯머신 돌릴 때 같은 기대감이 일어난다. '어, 이번엔 뭘까? 뭔가 좋은 게 아닐까?' 그러면 바로 컴퓨터 앞으로 가서 이메일을 확인한다. 막상 확인해보니 스팸 메일이면 실망스러워한다. '젠장, 별거 아니잖아.' 사람들은 다른 누군가에게 이메일을 보내 알림음이 울리게 하기도 한다. 그런 식으로 이메일이 오가면서 알림음이 계속 띠링, 띠링 울려댄다.

사람들이 이메일이나 문자메시지에 정신이 팔렸다가 하던 일로 되돌아오기까지 걸리는 시간은 평균 17분이다. 사람에 따라 더 적거나 오래 걸리기도 한다. 일로 되돌아오지 못하는 경우도 있다. 오전 11시에 한눈팔며 이메일을 확인하고 나니 11시 17분이 되어 있으면 이런 식으로 생각한다. '어라, 곧 점심시간이네. 지금 다시 일을 해봐야 얼마나 하겠어. 그냥 점심 먹고 나서 하자.' 그러면서 같이 점심 먹으러 갈 사람을 찾는다. 점심을 먹으러 나갔다 들어오면 이번엔 이렇게 생각한다. '이제 슬슬 동료들과의 유대를 다져야 할 때가 되었어.' 결국 이 자리 저 자리 돌아다니며 이야기를 나누고, 전화를 걸고, 이메일을 보낸다.

그러니 그냥 전자 기기의 전원을 꺼놓는 게 낫다. 전원을 꺼놓도록 자기 단련을 하라.

일상에서 자기 통제력을 기른다

이메일을 관리하느라 애를 먹는 사람이 의외로 많다. 어떤 사람들은 받은 편지함에 수천 개의 메일을 쌓아둔다. 내 경우엔 매일 이메일 정리부터 먼저 하고 나서 하루 종일 할 일을 한다.

이메일을 관리하는 비결 중 하나는 오전에 가장 중요한 일을 먼저 하고 그 일을 완수한 자신에 대한 보상으로 이메일을 확인하는 것이다. 스스로에게 일종의 업무 디저트를 주는 셈이다. 이런 디저트를 싫어할 사람은 없다.

'삭제' 버튼을 자주 클릭해서 이메일을 관리하자. 자질구레한 이메일을 보내는 사람들에게 휘둘리지 마라. 나도 그런 메일을 매일 받는다. 그건 누구나 마찬가지다. 이런 이메일은 사람을 혹하게 한다. 솔깃한 문구가 눈에 들어오기도 하고, 어쩐지 이득이 될 듯하기도 한다. 이런 이메일은 그냥 삭제해버려야 한다. 순순히 말려들면 안 된다.

나는 몇 년 전 친구 줄리 모건스턴^{Julie Morgenstern}과 함께 이 주제를 다룬 『아침에는 이메일을 확인하지 말라^{Never Check Email in the Morning}』라는 책을 펴냈다. 또 다른 친구 다이애나 부허^{Dianna Booher}가 쓴 『쏟아지는 이메일 극복하기^{Get Over Email Overload}』는 이메일의 노예가 되어 끌려다니지 않고 유용한 도구로 만드는 관리 방법을 알려준다.

찾아보면 이메일을 간단히 관리하는 방법은 무척 많다. 앞에서 소개한 방법은 그중 두 가지 예에 불과하다. 이런 비결을 따르면 이메일은 문제가 되지 않는다. 하루에 2, 3번만 이메일을 확인할 수 있다. 이메일을 똑소리 나게 관리하면서 필요하면 파일로 보관하거나 하던 일을 마저 할 수 있다.

여기서도 자기 단련이 가장 중요하다. 지난 세기 미국 최고의 사상가로 꼽히는 엘버트 허버드 Elbert Hubbard 는 "자기 단련이 성공의 열쇠"라고 강조하며 "자기 단련이란 좋든 싫든 해야 할 일을 해야 할 때 실행하도록 스스로를 다잡는 능력"이라고 정의했다.

이 말의 핵심은 "좋든 싫든"에 있다. 누구든 좋아하는 일을 하면 잘해낸다. 맛좋은 음식이나 음료수를 먹는 일이라면 거뜬히 한다. 음악 듣기나 친구들과 수다 떠는 일이라면 잘한다. 힘들고 가치 있는 일보다는 이렇게 재미있고 쉬운 일을 잘한다.

그러니 좋든 싫든 잘하려면 자기 단련을 연습해야 한다. 자기 단련에는 반드시 끈기가 필요하며, 끈기를 발휘하려면 반드시 자존감을 세워야 한다. 자존감이 있어야 더 기운이 솟고 스스로에게 만족감을 느낀다. 심리학계에서는 이런 만족감을 통제감 sense of control 이라고 한다. 만족감을 느끼려면 당신이 당신의 삶을 책임지고 있다고 느껴야만 한다. 즉, 당신의 삶과 일에 통제력을 가져야 한다.

어떤 일에 착수해서 끝까지 해내기로 결심한다면 일을 시작하기 위한 단련이 필요하고, 중간에 포기하지 않기 위한 끈기가 필요하다. 그렇게 단련하고 끈기를 발휘해 일을 완수하고 나면 당신 자신이 뿌듯해진다.

습관은 어떤 행동을 해서 긍정적 피드백을 얻음으로써 그 행동을 다시 하게 되는 과정이다. 같은 행동을 되풀이하다 보면 나중엔 그 행동이 저절로 쉽게 행해진다. 자기 단련의 출발점은 해야 할 일을 시작해서 끝까지 마치는 긍정적 습관을 기르는 일이다.

내가 유용하게 활용해온 또 다른 방법은 메모하기다. 내가 아는 성공한 사람들도 크고 작은 메모장을 가지고 다닌다.

그중 한 사람이 빅 코넌트다. 그는 어딜 가든 메모장을 가지고 다닌다. 상대가 말을 시작하면 바로 메모장을 펴고 경청한다. 말하는 사람이 웨이터든 비서든 가리지 않고 귀 기울여 듣다가 뭔가 가치 있을 만한 얘기를 할 때마다 메모한다. 미국 오디오 출판물 제작과 판매 분야에서 가장 성공한 사업가이자 세계적으로 영향력 높은 인물로 그가 손꼽히게 된 원동력은 꾸준히 실천한 자기 단련이었다.

성공하는 사람들의 기본 습관

생산성을 갖추려면 계획과 체계화도 필요하다. 대다수 사람들은 무슨 말인가 싶겠지만, 일할 시간에는 일만 해야 한다는 얘기다.

대다수 사람들은 오전 11시쯤 되어야 일다운 일을 한다. 출근하면 우선은 동료들을 만나 인사 나누기 바쁘다. '일은 잘돼가? TV에서 ○○ 봤어? ○○를 어떻게 생각해?'

그러다 오전 11시쯤 되면 그제야 퍼뜩 정신을 차린다. '이런, 곧 점심시간이잖아. 일 좀 해야겠네.'

일을 좀 한 다음엔 점심을 먹으러 가고 오후 3시쯤 되어야 다시 일을 한다. 그러다 3시 30분이나 4시 정도 되면 '흠, 오늘은 뭘 시작해봐야 소용없겠네'라며 일을 그만한다.

오후 4시 30분에 퇴근해서 집으로 가려 할 때 도로가 막힌 적이 있는가? 그 시각이면 아직 퇴근할 때가 아니다. 아직 일해야 하는 근무 시간인데 어떻게 도로에 나오겠는가?

나는 고등학교를 졸업하지 않았다. 상위 50퍼센트에 들어야 들어갈 수 있는 학급에서 공부하다 중퇴했다. 그때 내가 구할 수 있었던 일자리는 작은 호텔 뒤편에 처박혀 접시를 닦는 일뿐이었다. 그 뒤에는 자동차 세차를 했고, 또 그 뒤엔 잡역부로 들어가 바닥을 닦았다. 나중엔 '이것저것 닦는 일만 하면서 살게 될 팔자려나' 하는 생각이 들었다. 잠은 자동차 안이나 친구들의 방 한 칸짜리 아파트 바닥에서 잤다. 부모님 집의 지하실에서 자기도 했는데 부모님은 나를 보기 싫어하셨다.

그러던 어느 날부터 남들보다 더 성공하는 사람들의 비결이 궁금해져서 답을 찾아보기 시작했다. 책을 읽다 보니 역사상 가장 위대한 철학자로 인정받는 아리스토텔레스가 꿰뚫어 본 성공에 대한 가장 중요한 통찰 몇 가지를 알게 되었다.

아리스토텔레스에 따르면 인간은 습관의 동물이다. 당신이 하거나 하지 않는 모든 일은 어린 시절에 키운 습관에서 기인한다. 따라서 아이에게 좋은 습관을 길러주는 것이 양육자의 역할이다. 좋은 습관을 길러주면 아이는 훌륭한 품성을 갖추게 된다.

이 대목은 지금 이야기하는 주제와 연결된다. 사실 당신이 지금의 자리에서 지금의 모습으로 있는 이유는 당신의 습관 때문이다. 동기부여 강사 에드 포먼^{Ed Foreman}이 입버릇처럼 자주 하는 말마따나 "나쁜 습관이 당신을 길들이고 인격을 깎아내리도록 내버려둘 게 아니라 좋은 습관을 들이고 주인으로 삼아야 한다." 따라서 긍정적인 습관 기르기를 삶의 주된 목표로 삼아야 한다.

개인적 성공을 연구하기 시작한 초기에만 해도 나는 새로운 습관을 들이기가 성공의 관건이며, 그러려면 대략 21

일간의 반복이 필요하다고 여겼다. 그런데 반드시 그런 것은 아니었다. 경우에 따라 어떤 일을 계기로 당신의 생각이 영구적으로 바뀌며 단번에 습관을 들일 수도 있기 때문이다. 반면 담배 끊기나 다이어트 같은 습관들의 경우엔 비교적 오래 걸린다. 대체로 꾸준히 반복해야 어느 순간에 그 습관이 자리 잡는다.

가장 중요한 습관 중 하나는 일할 시간엔 일만 하는 것이다. 우리는 학교에 다니는 성장기에는 학교생활을 친구들과 노는 것과 연관 지어 생각한다. 유치원이나 초등학교 1학년에 들어가면 처음엔 살짝 두렵지만 친구들이 있다는 것을 깨닫고 나서 어울려 논다. 학교를 삶의 주된 놀이 공간으로 여기며 기대감을 품게 된다.

점점 나이를 먹으며 학년이 올라가면 다양한 방식으로 놀게 된다. 어른용 게임을 하고 운동을 하면서 여러 방식으로 친구들과 어울려 논다. 퇴학당하지 않고 학교에 계속 다닐 수 있게 공부도 하지만 학창 시절은 근본적으로 놀이 시간이다.

학교를 졸업하고 첫 직장에 들어가면 다시 긴장하고 두려워한다. 대체로 첫 직장에서의 첫날은 평생토록 가장 두려운 날로 꼽힌다. 첫날 출근하면 초조한 마음으로 주위를 둘러본다. 살펴보니 같은 또래의 사람들이 많고 다들 꽤나 친절하다. 그런데 당신은 같은 또래와 어울릴 때 뭘 하는가? 학교에 다닐 때처럼 같이 논다.

이제는 직장이 주된 놀이 공간이 되고 그간의 습관에 따라 친구들과 논다. 다만 어느 정도의 일을 하지 않으면 회사에 다시 나오지 못하게 될 우려가 있다. 자칫 회사에서 해고당해 직장을 잃을 수도 있다. 그래서 회사에 다니며 친구들과 놀 수 있도록 자신이 해야 할 일을 한다. 그래야 친구들을 보게 된다는 기대감, 퇴근 후 밖에서 돌아다닐 시간에 대한 기대감, 주말에 대한 기대감이 보장된다.

가장 중요한 것은 일할 시간에는 일만 하는 습관 들이기다. 직장은 놀이터가 아니라 일터라는 사실을 스스로에게 거듭거듭 상기시켜라. 오전 8시 30분 혹은 그 이전에 문을 열고 직장에 들어서는 순간부터 당신이 할 일은 일을 시작해서 온종일 일하는 것이다.

누가 당신과 잡담을 나누고 싶어 하면 이렇게 말하라. '나도 같이 수다 좀 떨면 좋겠는데 일 끝나고 나서 얘기하자. 점심시간에 얘기해도 되고.' '나도 지금 얘기하고 싶긴 한데 빨리 마쳐야 할 일이 있어. 위에서 이 일에 기대를 걸고 있어서 말이야.'

사실 이런 말을 듣고 일을 못 하게 방해할 사람은 없다. 으레 이렇게 대꾸하기 마련이다. '그래, 나중에 얘기하자.' 결국엔 다들 가만히 내버려둔다. 당신이 재미없는 상대이자, 직장에서 놀고 싶어 하지 않는 사람이기 때문에 그럴 수밖에 없다. 당신의 임무는 일할 시간에는 일만 하는 것이다.

익히면 좋은 또 하나의 중요한 습관이 있다. 할 일을 완수하는 습관이다. 생산성을 높이는 관건이다. 일할 시간에는 일만 하고, 할 일을 완수하라. 할 일을 시작하면 고개를 숙이고 열심히 하라. 다 마칠 때까지 그 일에 몰두하라.

오늘날 우리가 스트레스를 받는 주된 원인은 일을 끝내지 못해서 압박감을 느끼기 때문인 경우가 많다. 따라서 우선순위를 정하는 게 좋다. '내가 하루에 하나의 일만 완수할 수 있다면 내 경력에 가장 긍정적인 영향을 미치고 회사나 내 사업에 가장 도움이 될 만한 일은 뭘까?' 무엇이 되었든 일 하나를 가려내서 착수하라. 끝까지 완수할 때까지 노력을 기울이라.

이쯤에서 아주 기분 좋은 소식 하나를 전하려 한다. 바로 임무를 완수하면 자존감과 자신감이 높아진다는 사실이다. 다른 사람들에게 존경과 공경도 얻게 된다. 높은 소득과 더불어 더 좋은 기회, 더 많은 직무와 책무를 얻게 되는 열쇠이기도 하다. 직업 세계에서 무엇보다 중요한 요소는 임무 완수다. 그냥 일을 하는 것이 아니라 할 일을 완수해야 한다.

언제 어느 때든 임무를 완수한다는 관점에서 생각하라. 임무 완수는 달리기 경주에서 1등으로 들어오는 것과 흡사하다. 달리기 경주에서 1등으로 들어오면 사람들이 뭐라고 불러주는가? 맞다, 승자다.

임무를 완수하면 승자와 같은 기분을 느끼게 된다. 경쟁 상대를 모두 제친 승자의 우쭐함이 느껴진다. 자존감이 높아지고 기운이 샘솟고 만족감이 든다. 주변 사람들, 특히 당신의 경력에 큰 영향력을 발휘하는 사람들이 미소 띤 얼굴로 당신을 바라보며 마음에 들어 한다. 사람들이 당신이 없는 자리에서 이렇게들 말한다. '처리하고 싶은 일이 있으면 그 사람에게 부탁해. 일을 맡기면 해내는 끈기가 있어. 야근을 하고 일찍 출근하고 주말에까지 일하는 한이 있어도 어떻게든 해낼 사람이야.'

나는 일을 시작하면서 끝까지 완수하는 습관을 들였다. 그러느라 때때로 늦은 밤이나 주말까지 일하기도 했다. 한 때는 200개의 사업체를 거느리며 급성장하는 회사의 사장 밑에서 일했는데 그는 금요일에 일거리를 주며 이렇게 말하곤 했다. "나에게 중요한 일이야. 잘 평가하고 보고서를 작성해주면 고맙겠네."

"알겠습니다." 나는 이렇게 대답했다. 금요일 오후에 그런 일을 맡으면 밤 8시쯤까지 야근했다. 아내에게 전화하여 늦을 것 같다고 알려주고 늦도록 일했다. 다음 날인 토요일과 일요일에도 내내 일을 했다. 그렇게 일한 후 월요일 아침에 출근해서 보고서를 타이핑했다.

사장이 항상 그렇듯 느지막하게 오전 10시에 출근할 무렵이면 책상에 보고서가 놓여 있었다. 그러면 사장은 내 자리로 와서 치하해주었다. "이거 참 대단한데. 보고서를 바로 올려줘서 고맙네. 사실 당장 필요한 건은 아니라 1, 2주 후에 줘도 상관없지만 그래도 정말 고맙네."

그 보고서는 수천만 달러가 걸린 사업 기회를 분석한 것이었다. 얼마 후 은행장이 우리 사장에게 전화를 했다. "사장님께 부담을 드리긴 싫지만 귀 회사의 대출 승인을 위해서는 당장 관련 보고서가 필요합니다." 5000만 달러의 대출 건이었다.

그 말에 우리 사장은 이렇게 대답했다. "사실은 이미 모든 분석을 마쳤습니다. 보고서를 바로 보내드리겠습니다." 사장은 보고서를 바로 보냈고 대출은 승인되었다. 이후 그 대출은 회사에 큰 영향을 미쳤다. 사장은 내 자리로 와서 진행 상황을 알려주며 너무 고맙다는 말을 또 했다. 말수가 적은 사람이어서 별다른 얘기는 없었지만 이후로 급히 처리해야 할 일이 생길 때마다 나에게 맡겼다.

나는 작은 사무실에서 일하다 큰 사무실로 자리를 옮겼다. 회사 내에서 두 번째로 큰 사무실이었다. 혼자서 밤늦게까지 일하다 이제는 부하 직원들을 거느리고 일을 맡기게 되었다. 자질구레한 업무를 맡아 처리하다가 어느새 부서 3곳을 지휘하게 되었다. 생활고에 허덕이다가 그때까지 번 것보다 더 많은 돈을 벌게 되었다.

몇 년 후 내 사업을 하기 위해 그 회사의 회계 담당자를 영입했다가 그에게 이런 말을 들었다. "있잖아요, 우리 사장이 지금껏 고용한 다른 직원보다 당신의 급여나 보너스나 권한을 더 특별 대우해준 거 알아요?" 참고로 그 사장이 사업을 운영하며 채용한 직원은 수백 명에 달했다. 사장은 그 회계 담당자에게 이런 말을 자주 했다고 한다. "처리해야 할 일이 있으면 브라이언에게 맡기게. 일을 신속하게 끝내면서도 훌륭하게 처리해줄 테니까."

이것이 바로 성공, 높은 생산성, 높은 소득, 기회로 이끌어주는 열쇠이자 스스로에게 뿌듯함을 느끼고 주변의 모든 이들에게 높은 평가를 받기 위한 열쇠다. 그러니 맡은 일을 신속하고 훌륭하게 해내라.

일할 시간에는 일만 하고, 일을 시작하면 끝까지 완수해내라. 너무 이르거나 너무 빠른 게 아닐까 하는 걱정은 접어두라. '그 일을 처리하고 싶으면 그 사람에게 맡겨. 맡기면 완수해낼 거야. 그것도 신속하고 훌륭하게'라는 말이 사람들 사이에 오갈 정도의 평판을 얻으라.

현재 당신의 평판은 어떤가? 회사 내의 다른 사람들과 비교해서 어떻게 다른가? 신속하고 훌륭하게 처리되길 바라는 일이 있으면 다른 사람들보다 당신에게 맡기는 게 좋다는 평을 듣고 있는가?

평판을 가볍게 여기지 마라. 당신이 없는 자리에서 사람들이 당신과 당신의 일 처리를 어떻게 평가하느냐가 다른 무엇보다 당신의 미래를 크게 좌우하기 때문이다.

성공의 의미

10대를 지나 20대로 접어들 무렵 내 삶을 변화시킨 의문으로 돌아가보자. 왜 어떤 사람들은 남들보다 더 크게 성공할까? 당시 내 머릿속에서는 이내 또 다른 의문이 꼬리를 물었다. 성공이란 뭘까? 더 많은 돈을 버는 것이 성공일까?

그렇지 않다. 성공은 자신이 원하는 방식대로 살아가는

것이다. 하고 싶은 일을 하는 것이다. 자신이 즐거워하는 일을 하고, 함께하면 즐겁고 존경심이 드는 사람들과 함께 일하는 것이다.

성공은 뭐니 뭐니 해도 자유를 의미한다. 나에게 자유는 삶에서 가장 소중한 기쁨이다. 있는 그대로의 자신이 되고, 하고 싶은 일을 하고, 일자리를 옮기는 문제에서 온전한 자유를 누리는 것이 무엇보다 중요하다.

요즘 많은 사람이 경제가 호황이라고 얘기한다. 실제로 현재 미국은 비어 있는 일자리가 전 세계에서 가장 많은 약 700만 개에 이른다고 추정된다. 대기업과 중소기업 모두 일할 사람이 필요하지만 높은 급여를 제시하며 데려오려 해도 일을 잘할 만한 사람을 찾지 못하고 있다. 그래서 구인 광고와 홍보를 해서 채용하고 훈련까지 시켰다가 얼마 후에 해고하고 또 다른 사람을 채용한다.

당신의 삶에서 거리낌 없이 자유롭게 뿌듯함을 느끼고 싶다면 성과를 내는 사람이라는 평판을 세우라. 할 일을 맡으면 신속하고 훌륭하게 처리하라. 구시렁거리거나 투덜대지 마라. 바쁘다거나 버거워 죽겠다고 불만을 늘어놓지도 마라.

나는 살면서 한 번도 일거리를 거절하지 않았다. 젊고 가난했을 때는 그런 자세가 정말 중요하다는 사실을 모른 채로 그저 맡겨진 일을 성공할 기회로 여겼다. 나에게 문이 열렸다고 생각했다. 사장이 '자, 여기 문이 있으니 달려 들어가게' 하고 일을 맡기면 나는 그 문으로 뛰어들었다.

회사 내의 다른 직원들은 대체로 나를 눈엣가시로 여겼다. 내가 없는 자리에서 내 뒷말을 했다. 자기들이 출근해서 같이 커피 마시고 점심을 먹으러 나가는 동안에도 나는 늘 일만 하고 있다며 흉을 봤다. 근무 시간 중에 자주 모여 앉아서 수다를 떨다 들어오곤 했다. 그러다 퇴근 시간이 되면 술을 마시러 나가기 일쑤였다. 하지만 나는 내내 일만 했다.

예전에 야구 선수 피트 로즈Pete Rose 의 자서전에 대한 평론을 읽은 적이 있다. 이 선수가 '피트 허슬Pete Hustle '이라는 별명으로 불린 이유는 전력질주의 분발력Hustle 을 자신의 야구 철학으로 삼아 활동했기 때문이다. 그의 아버지는, 일단 공이 배트에 맞아 날아가면 잽싸게 뛰라고 가르쳤다고 한다. 나는 피트 로즈를 한 번 만나봤는데 대단한 사람이었다. 성격이 긍정적이고 낙천적이고 활동적이어서 모두들 좋아했다. 현역 시절엔 빠른 발, 결의와 끈기 면에서 피트 로즈를 따를 만한 사람이 없었고 미국 야구 역사상 최고 선수의 대열에 들 만한 기록을 냈다. 야구에 몸담고 있을 때 특정 문제를 일으키지만 않았다면 명예의 전당에도 올랐을 텐데 안타깝다(신시내티 레즈 감독으로 재임하던 시절, 스포츠 도박에 연루되어 메이저리그에서 영구 제명됨-옮긴이).

나는 이 선수를 언제나 활동적인 피트 허슬로 떠올린다. 당신도 누군가가 그런 이미지로 떠올리는 사람이 되어야 한다. 활동적이고 재주 있는 사람이라는 평판을 얻으라. 그러면 누군가 일이 생겨서 훌륭하고도 신속한 처리를 바랄 경우 당신에게 그 일을 맡기고 문이 연달아 열릴 것이다.

앞에서 언급한 사장은 회사를 8억 5000만 달러에 매각하고 규모가 더 작은 사업체를 꾸리려 했다. 한동안 그 사장과 떨어져 있을 때 캐나다 서부 지역에서 둘째가라면 서러운 부자에게 전화를 받았다. 나는 한 통의 전화로 그 부자에게 바로 채용되었다. 사실 다른 억만장자로부터도 "나와 함께 일해보지 않겠어요?"라는 제안을 받은 적이 있지만 사양했다.

"물론입니다." 캐나다 억만장자의 제안에서는 새로운 기회를 봤기 때문에 긍정적으로 대답했다.

"그곳 사장과 일하면서는 얼마를 벌고 있나요?"

그의 물음에 나는 되물었다. "급여가 얼마나 되냐고요?"

"그 3배를 드리지요. 언제부터 일을 시작하실 수 있나요?"

나는 사장을 찾아가 이야기 나누며 이제는 자리를 옮겨야 할 것 같다고 밝힌 후 그 억만장자와 일하기 위해 캐나다로 갔다. 내가 입사하자마자 그는 2억 6500만 달러 규모의 부서를 맡겼다.

이렇듯 빠른 일 처리로 평판을 얻은 덕분에 내 인생은 완전히 바뀌었다. 빠른 일 처리는 배워두면 좋은 가장 요긴한 습관이다. 좋은 습관을 들이라. 습관이 몸에 배도록 연습하라. 새로운 습관을 들일 때는 예외를 허용해서는 안 된다. 피곤하고 이번 주에 정말 열심히 일한 데다 할 일도 너무 많다는 등의 이유를 내세워 변명거리를 만들거나 책임을 피하려 하지 마라. 변명은 금물이다.

CHAPTER 2

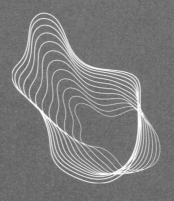

원하는 삶을 얻는
심리 전략

○

●

    성공 비결과 전략을 아는 것도 중요하
지만, 영업이나 리더십, 협상이나 설득이나 성취 등 해당
분야의 밑바탕에 깔린 기저 심리를 깊이 이해하는 것 역시
중요하다.

왜일까? 그 답으로 랠프 월도 에머슨^{Ralph Waldo Emerson}과 얼
나이팅게일의 짧은 말을 상기시키고 싶다. "당신은 당신이
주로 생각하는 대로 된다." 당신의 외부 세계는 당신의 내
면 세계가 표출된 결과다. 당신은 삶에서 원하는 대로 얻는
것이 아니라 기대한 대로 얻는다. 끌어당김의 법칙에 따라
당신은 주된 생각에 잘 어울리는 사람들과 환경을 자신의
삶으로 끌어들이게 되어 있다.

세상에서 가장 멋진 일은 당신이 절대적 통제력을 쥐고

있는 유일한 대상이 바로 당신의 생각이라는 사실이다. 자신과 자신의 가능성에 대해 긍정적으로 생각할수록 당신은 더 창의적인 사람이 된다.

사람은 누구나 의식적인 사고만이 아니라 잠재의식적 사고도 한다. 잠재의식적 사고는 심각할 정도로 진가를 인정받지 못하고 있다. 근본적으로 이야기하면 잠재의식적 사고는 당신의 모든 경험과 기억을 저장한 방대한 정신의 도서관이며, 당신은 필요할 때 저장된 정보를 이용한다.

사람은 누구나 초의식적 사고도 한다. 4000년 전부터 사람들의 입에 오르내렸다고 추정되는 이 초의식적 사고는 우주의 위대한 지성과 소통하는 능력이며, 누구든 의지할 수 있다. 언제나 당신의 주변에 위대한 지성이 머물게 하는 셈이다. 오늘날 우리가 인터넷에 접속하는 것처럼 초의식적 사고에도 접속할 수 있다. 충분한 시간 동안 충분한 열의를 갖고 적절한 방법으로 초의식적 사고를 지향하며 노력하면 초의식적 사고는 우리가 원하는 모든 것을 가져다줄 것이다.

내 경험에 비추어보면 성공한 사람들은 이 '위대한 지성'의 존재를 의식한다. 지난주에 나는 대단한 성공을 거둔 한 여성과 이야기를 나누다 이렇게 말했다. "당연히 초의식적 사고에 대해 들어보셨겠죠."

"물론이죠." 그녀는 대답했다.

당신이 확신 속에서 초의식적 사고에 양식을 공급하면 알맞은 시기에 당신이 원하고 필요로 하는 것들을 얻을 수 있을 것이다. 행복해지고 싶다면 초의식적 사고를 활용하는 것이 그 열쇠다.

되돌아보면 나는 초의식적 사고를 활용하여 삶을 크게 전환했고, 자존감의 역할도 깨달았다. 자존감이란 자신을 얼마나 좋아하는지, 자신을 얼마나 존경하는지, 자신을 얼마나 쓸모 있고 가치 있다고 여기는지를 말한다. 자존감은 당신의 삶에서 일어나는 모든 일을 결정짓는다. 더군다나 그 일들은 당신의 자존감을 높이거나 떨어뜨린다. 삶에는 중립이 없다.

나는 첫아이가 태어나기 전에 자존감의 중요성을 깨달았다. 그래서 우리 아이들이 높은 자존감과 높은 자신감을 갖추도록 키우는 것을 최우선 목표로 삼자고 아내와 이야기했다. 이후로 우리는 언제나 이 목표에 초점을 맞추고 아이들을 양육했다. 한 번도 아이들을 나무라거나 벌준 적이 없었고, 아이들의 자존감이나 자신감을 위축시킬 만한 일도 하지 않았다.

첫째 아이로 태어난 크리스티나는 내 모르모트였다. 이후에 태어난 마이클과 데이비드, 캐서린이 태어났을 때도 크리스티나를 양육한 방식대로 키웠다. 본인들 입으로도 말하지만 아이들은 "기죽이는 말은 들은 적이 없다." 우리 아이들은 꾸지람을 들은 적도, 자기 제한적 믿음을 갖도록 억압받은 적도 없다. 충분히 재능이 있으니 마음먹은 일은 뭐든 할 수 있다고 격려하며 아이들을 키웠기 때문이다.

당신 감정의 95퍼센트는 스스로에게 어떤 말을 들려주느냐에 따라 결정된다. 당신이 스스로에게 해줄 수 있는 최고의 말, 즉 최고의 포괄적 자기암시는 '나는 내가 좋아. 나는 내가 좋아. 나는 내가 좋아'다. 당신이 당신 자신을 좋아할수록 마음먹은 모든 일을 더 잘하게 되고 자신감이 생긴다. 자신감이 높아질수록 더 만족스럽고 더 기운이 난다.

얼마 전 급성장하고 있는 한 기술업체에서 막 총괄 관리자가 된 청년이 나에게 연락해서 이렇게 말했다. "제 얘기를 꼭 전해드리고 싶어서 연락드렸습니다. 믿기 힘들어하시겠지만 선생님에게 제 이야기를 보내드리겠습니다. 바로 휴대폰으로 음성 녹음 메시지를 보내겠습니다." 청년은 정말로 메시지를 보냈다.

청년의 첫 직업은 쇼핑몰 가판대에서 휴대폰을 판매하는

일이었다. 그런데 일을 시작한 지 한 달이 되어가도록 한 대도 팔지 못했다. 호객을 해봐도 '관심 없어요', '그런 거 없어도 돼요', '필요 없어요', '휴대폰 있어요' 따위의 말만 돌아왔다. 자신이 너무 싫고 절망스러웠다.

그러던 중 쇼핑몰 서점에서 우연히 내가 쓴 『판매의 심리학The Psychology of Selling』을 발견했다. 나는 이 책에서 사고방식이 어떻게 판매를 좌우하는지를 자세히 설명했는데, 청년은 책을 읽다가 '나는 내가 좋아'라는 대목에서 특히 감동받았다고 한다.

그다음 날, 청년은 주차장에 차를 세워놓고 책을 꺼내 그 대목을 펼쳐서 '나는 내가 좋아. 나는 내가 좋아'를 되풀이하며 읽고 또 읽었다. 지나가는 행인들이 쳐다보는데도 열성적으로 혼잣말을 했다. 사람들이 지나가며 손가락질을 해도 청년은 소리 내어 웃으며 말했다. "나는 내가 좋아. 나는 내가 좋아."

얼마 후 청년은 차 밖으로 나와 쇼핑몰로 들어갔다. 그리고 그 순간 이후 판매의 고수로 거듭나 팔고 팔고 또 팔았다. 한 달이 채 지나지 않아 회사 내에서 판매 왕이 되었다. 그로부터 두 달이 안 되어 관리자로 승진하는가 싶더니 석 달이 지나기도 전에 임원 자리까지 올랐다. 그러다 넉 달이 되기 전에 자신의 사업을 시작했다. 청년은 날마다 일을 시작하기 전에 '나는 내가 좋아. 나는 내가 좋아'를 되뇌었다.

당신의 경우도 마찬가지다. 스스로에게 '나는 내가 좋아'란 말을 거듭거듭 들려주는 것이 자존감을 높이는 데 가장 효과적이다. 그런 다음 '나는 할 수 있어. 나는 할 수 있어. 나는 할 수 있어'를 반복해서 되뇌라.

아이가 더 행복하고 건강하고 자신감 있는 사람으로 자라길 바란다면 다음과 같은 말을 자주자주 하라. '너는 할 수 있어. 너는 할 수 있어. 마음먹은 일은 뭐든 할 수 있어. 네가 정말로 원하면 할 수 없는 일은 없어.' 명심하라. 당신을 우러러보는 사람들, 즉 당신의 아이들과 배우자, 직원과 친구들에게 당신이 이 세상에서 가장 큰 영향을 미친다. 당신이 '너는 할 수 있어. 마음만 먹으면 너는 뭐든 할 수 있어'라고 격려해줄 때마다 이들은 당신을 믿고 이내 자신이 할 수 있다는 믿음을 습관처럼 익히게 된다.

매일 일을 시작하고 끝낼 때마다 자신이 아주 생산적인 사람이라고 믿을수록 만족감이 높아지고 더 기운이 생기며, 당신 자신을 좋아하고 우러러볼수록 좀 더 일찍 출근해서 좀 더 열심히 일하고 좀 더 늦게까지 일하려는 의욕이 더욱 더 샘솟는다. 익히고 배워서 당신과 사장과 회사에 가장 중요한 업무를 더 잘해내고 싶다는 의욕도 더욱더 북돋워진다. 또한 학습 기계가 될 것이다. 당신에게 기대를 거는 이들과 당신을 공경하는 이들을 위해 더 많은 일을 더 잘, 더 신속하게 해낼 수 있게 새로운 실력을 익히고 싶어 좀이 쑤실 수도 있다.

많은 사람이 이와는 반대로 행동하며 스스로를 비하한다. 머릿속으로 자신이 생산적이지 못하다는 믿음을 더 굳히는 말들을 재잘대며 스스로를 방해한다.

성공의 최대 장애물은 실패나 거부에 대한 두려움이다. 다시 말해 잘하지 못할까 봐 두려워하는 마음과 남들이 당신을 싫어하거나 비난할까 봐 두려워하는 마음이 무엇보다도 당신의 성공을 방해하는 요소다. 당신의 진전을 방해하는 최대의 장애물이다. 따라서 무엇보다도 이 두 가지 두려움을 극복해야 한다. 그런데 신통하게도 '나는 내가 좋아'와 '나는 할 수 있어'를 말하면 말할수록 이런 두려움이 줄어든다. 점점 줄어들다 나중엔 싹 사라진다. 두려움이 들면 당장 쫓아내버려라.

자기 제한적 믿음을 품으면 스스로가 어떤 측면에서 부족하다고 여기게 된다. 재능이 딸리는 것 같고, 실력이 형편없는 것 같고, 자질이 없는 것 같고, 매력이 없는 사람 같고, 실력이 모자란 것 같아진다. 인간의 가장 큰 문제점 하나는 이 말로 축약된다. '난 모자란 사람이야. 남들 모두가 나보다 더 나아.'

그래서 나는 수강생들에게 앞으로 누굴 만나든 본인이 그 사람만큼 잘났거나 더 잘났음을 잊지 말라고 일러준다. '나는 내가 좋아'와 '나는 할 수 있어'를 되풀이해서 되뇌다 보면 서서히 그 말을 믿게 된다. 부정적이고 자기 제한적인 믿음이 줄어든다.

그러니 이 말을 되풀이해서 되뇌라. 당신의 삶에서 가장 소중한 이들에게 이렇게 말하라. '넌 할 수 있어. 지금 하는 일을 잘해낼 능력이 있어. 너에겐 뛰어난 재능이 있어.'

우리 집 아이들은 4살이나 5살 때쯤 학교에 다녀오면 태어나서 처음으로 그린 보잘것없는 그림을 보여주었다. 나는 그럴 때면 호들갑을 떨었다. "이걸 네가 그린 거야? 네가 직접 그렸다고? 누가 도와준 거 아니고? 누가 그려준 거야? 아무리 봐도 누가 너 대신 그려준 것 같은데?"

"아니에요, 아니에요. 내가 그렸어요."

"말도 안 돼. 믿기지가 않아." 나는 또 이렇게 말하며 아내를 불렀다. "바버라, 이것 좀 봐. 당신도 보면 안 믿길 거야. 와서 좀 봐. 크리스티나가 혼자서 이걸 그렸대. 정말 대단해." 우리는 그 그림을 거울이나 냉장고에 붙여놓고 야단을 떨기도 했다.

아이들이 형편없는 성적을 받았을 때도 우리는 이렇게 말했다. "그냥 잠깐 안 좋은 거야. 다음번에 더 좋은 성적을 받으면 되잖아, 안 그래?"

"네, 그럴 거예요."

"그래, 걱정할 거 없어. 넌 아주 똑똑한 애니까."

당신도 가족들에게 이런 식으로 말해주면 된다.

이번 장을 시작하며 말했다시피 당신은 당신이 생각하는 대로 된다. 당신이 말하는 대로 된다. 또 당신이 다른 사람들에게 말하는 대로 되기도 한다. 그래서 다른 사람에게 긍정적으로 말하면 긍정적인 메시지가 부메랑처럼 당신에게 그대로 돌아온다. 긍정적으로 느끼고 더 만족스럽고 더 기운차게 느끼면 자존감도 덩달아 높아진다. 당신이 하는 말은 당신의 엄청난 무기다.

당신은 가르치는 대로 되기도 한다. 앞에서 언급한 피트로즈를 예로 들면 그는 4살 때부터 아버지로부터 야구를 배운 덕분에 유명 선수가 되었다. 현재 세계에서 가장 존경받는 골프 선수를 대라면 타이거 우즈를 꼽을 만하다. 그는 4살 무렵부터 아버지와 골프를 쳤다. 그의 아버지는 아들이 4살 때부터 이끌고 가르치며 칭찬과 격려를 해주었고 아들은 급기야 6살 때 골프에서 아버지를 이겼다. 아직 어린 나이인데 자신이 가족 중에서 골프를 가장 잘 치는 아버지를 사실상 이겼다면 어떤 기분이 들까? 훗날 우즈는 역사상 가장 추앙받는 골프 선수로 손꼽히게 되었다.

명심하라. 당신이 말하는 모든 것과 당신 자신이 밖으로 투영하는 모든 것은 튕겨져 되돌아온다. 그러니 자신에 관한 말을 할 때는 언제나 정말 그렇게 되었으면 하는 대로 말하라. 그렇게 되길 바라지 않는 대로 말해선 안 된다. 당신이 잘 늦는다거나 체계적이지 못하다거나 뭘 잘 까먹는다는 식으로 말하지 마라. 언제나 당신이 바라는 미래의 모습대로 말하라.

일에서 만족감을 끌어올리는 법

언제나 열심히 일하며 한눈팔지 않고 할 일을 끝까지 완수하면 자발성과 진정성을 잃게 된다고 생각하는 사람들이 있다. 그렇지 않다. 매번 할 일을 시작해서 끝까지 완수하면 더 큰 만족을 느끼고 스스로에게도 만족할 수 있다. 하나의 일을 마무리하는 것과 일을 제때 마치는 것에 만족감을 느끼게 된다.

계획을 글로 적어놓고 자연스럽게 몸에 밸 때까지 날마다 그 계획에 따르길 권한다. 그러면 일을 마무리 짓는 것이 자발적인 행동이 되고 다른 행동들도 자연스럽고 자발적으로 변한다.

앞에서도 지적했다시피 많은 사람이 근무 중에 상당 시간을 허비한다. 추산에 따르면 근무 시간의 대략 50퍼센트를 비생산적인 일이나 활동에 허비한다. 겨우 50퍼센트 정도만 실질적 업무에 쓰는데 그중에서도 다수는 가치가 낮거나 아예 없는 일이다.

맡은 일을 완수하는 게 자연스러운 일이 되도록 하라. 그러면 언제나 만족스러운 기분을 느낄 것이다. 다른 사람들이 일을 시작해서 진행해나가도록 당신이 좀 도와주겠다고 제안해보라. 명심하라. 오늘날 대다수 사람들은 자신의 잠재적 생산성에 훨씬, 훨씬 못 미치게 기능하고 있다.

여기에서는 80/20 법칙이 작용한다. 심보 나쁜 사장 같은 80/20 법칙에 따르면 20퍼센트의 사람이 80퍼센트의 돈을 벌어 갈 수 있다. 당신이 하위 80퍼센트에 속한다면 늘 빚에 쪼들리고, 늘 돈 걱정에 시달리며, 처지가 비슷한 사람들 외에는 남들에게 존경받지도 못한다. 그나마 하위

80퍼센트에 속한 사람들로부터 받는 존경은 별 값어치가 없다. 이들의 존경은 피상적이고 오래가지도 않기 때문이다. 존경을 받으려면 상위 20퍼센트에게 받으라.

내 친구 가운데는 전국 영업 왕에 올랐던 인물이 있다. 그 친구도 처음 일을 시작했을 땐 성과가 바닥이었고 실적 낮은 다른 영업 사원들과 어울려 다녔다고 한다. 다들 출근하고 나면 시간을 허비하며 신문을 읽고 잡담하다가 점심 먹으러 나갔단다.

그러던 어느 날 친구는 삶의 전환점이 되는 한 가지 사실을 깨달았다. 가만 보니 회사의 영업 사원 30, 40명 중에서 6명 정도는 실적이 정말 좋았다. 이들은 자기들끼리 어울렸고 실적이 형편없는 사람들과는 전혀 섞이지 않았다. 친구는 이런 혼잣말을 하게 되었다. "실적 상위권에 들려면 상위권 사람들과 어울리는 게 좋겠어. 그러려면 어떻게 해야 할까? 그래, 조언을 구해보자."

그래서 친구는 실적이 뛰어난 한 사람에게 다가가 말을 걸었다. "저도 당신처럼 성공하고 싶어서 그러는데, 보통 사람들보다 훨씬 높은 실적을 내기 위해 시간 계획을 어떻게 짜나요?"

"글쎄요, 저는 이런 체계를 활용해요." 상대방은 이렇게 대답하며 그 체계를 보여주었다.

"감사합니다. 정말로 감사해요." 친구는 감사 인사를 하고 그 체계를 당장 실행에 옮겼다.

이런 자세는 지금껏 내가 배운 교훈 중에서도 가장 중요하다. 좋은 아이디어가 생기면 바로 실행하라. 내일이나 다음 주까지 미루지 마라. 누군가가 좋은 아이디어를 알려주면 당장 실행해본 다음 그 사람에게 이렇게 말하라. '해봤더니 정말 도움이 되었어요. 제게 권해줄 만한 또 다른 조언이 있나요?'

그러면 아마 이렇게 대답할 것이다. '흠, 이렇게 해보세요. 제가 직접 해봐서 하는 얘긴데 언제나 다른 사람들보다 하루를 일찍 시작하는 거죠. 다른 사람들이 출근하기 전부터 일을 시작하면 그날 내내 일을 끈기 있게 할 가능성이 훨씬 높아져요.'

'그렇군요. 정말 고마워요. 참 좋은 아이디어예요.'

사람들이 당신에게 조언하면 잘 적어두라. 수첩을 가지고 다니면서 적으라.

친구는 다른 사람들에게도 물어보고 다니기 시작했다. "있잖아요, 빌과 수잔에게 물어봤더니 이런 조언을 해줬어요. 나도 당신처럼 성공하고 싶어서 그러는데 혹시 해주고 싶은 조언이 있나요?"

사람들은 친구에게 기꺼이 조언을 해주었다. 그는 당시의 경험을 이렇게 떠올렸다. "얼마 후부터 그 사람들이 나한테 같이 점심 먹자고 하거나 아침에 만나서 같이 밥 먹자고 권했어. 나는 어느새 실적 상위권 직원들하고만 어울려 지내고 있었고 실적도 쭉쭉 올라갔지.

실적 상위권자들이 전부 참석하는 대규모 연례 영업 회의에 갔을 때도 나는 똑같이 했어. 모든 상을 휩쓴 그 사람들에게 다가가 이렇게 물었지. '어떻게 매년 전국 최상위 실적 상을 받나요? 비법이 뭐예요?'

그랬더니 자기는 어떠어떠한 방식으로 일한다거나, 어떤 책을 읽었다거나, 매일 어떤 일을 하는데 정말 유용하다는 얘길 해주더군.

사람들은 그렇게 성공 비법을 기꺼이 알려주었고 나는 그 방법들을 실천했지. 그 뒤로 2년이 채 안 되어 회사에서 실적 상위권자 대열에 끼면서 다른 직원들보다 10~20배나 많은 돈을 벌었어.

그런데 알고 보니 나처럼 실적 상위권자들에게 물어본 사람이 아무도 없더라고. 쭉 주목받으며 몇 년째 상을 타고 있는 사람들인데도 아무도 그 자리까지 오른 비결을 묻지 않았던 거야. 내가 처음이었어. 그 사람들은 나한테 편지로 책을 추천해주기도 했어. 내가 그 책들을 읽고 그대로 행동할 사람인 줄 알았기 때문이지."

따라서 가장 먼저 할 일은 자신이 몸담은 분야의 최고 실력자들에게 조언을 구하는 것이다. 해보면 놀랄 테지만, 사람들은 조언과 피드백을 정말로 기꺼이 해준다. 그다음에 할 일은 실력자들의 조언을 당장 실행하고 소감을 전해주는 것이다. 무엇을 했더니 어떻게 됐다고 말해주라.

명심하라. 누구나 처음엔 바닥에서 시작하지만 그 자리에 그대로 눌러앉아 있을 필요는 없다.

자존감을 관리한다

이쯤에서 자존감 얘기를 짧게 하고 넘어가야 할 것 같다. 한편으로 보면 전반적 성취는 자존감과 밀접하게 결부된다. 그런데 다른 한편으로 보면 실질적인 성취가 없는데 자존감이 지나치게 클 가능성도 있지 않을까? 한 조사 결과를 예로 들자면, 미국 학생들은 특정 외국 학생들보다 자신의 지능과 지식에 대한 자존감이 높지만 실제로는 그 외국 학생들이 지능과 지식을 평가하는 시험에서 더 높은 점수를 내고 있다.

나는 일부 미국 학생들의 자존감이 적정하다고 생각하지 않는다. 그것은 자만 내지는 오만일 뿐이다. 그렇게 스스로를 부풀려서 평가하다간 쉽게 바람이 빠져버린다. 풍선처럼 말이다. 진정한 자존감이 아니라서 한 번의 좌절만 맛봐도 스스로를 자책하며 자신감을 잃게 된다.

진정한 자존감이란, 당신이 일을 잘하고 있고, 주변 사람들이 좋아하고 존중해서 당신 자신을 진심으로 좋아하는 경우에 해당된다. 그때는 누군가에게 비난을 들어도 그냥 떨쳐낸다. 흘려듣고 만다.

자기 딴에는 일을 아주 잘하고 있다고 생각하는데 사장이 따로 불러서 '자네 말이야, 실적이 왜 이렇게 형편없나'라며 꾸짖으면 자아상과 자존감에 정말로 상처를 입게 된다.

자존감에는 진정한 자존감과 거짓된 자존감이 있다. 진정한 자존감은 당신 자신만이 아니라 주변 사람들에게도 인정받는 실질적 성취에 바탕한다. 거짓된 자존감은 당신 스스로 만들어낸 것일 뿐 근거가 없다. 뭔가 가치 있는 성취를 이루거나 남들보다 뛰어난 성과를 내면서 품게 되는 자존감이 아니라는 얘기다.

낮은 자존감은 무척 큰 문제거리가 될 수 있다. 브레이크를 거는 것과 같아서 당신을 가로막고 속도를 늦추기 때문이다. 자신감을 손상시켜 당신 자신을 부정적인 시각으로 바라보도록 부추기기도 한다.

당신이 자신을 좋아한다면 누군가가 당신을 비난해도 그냥 웃어넘길 수 있다. 누구든 저마다의 견해를 가질 권리가 있다고 여기고 만다. 진정한 자존감을 품고 있기 때문에 그런 소리에는 마음 쓰지 않는다. 나는 아이들을 키울 때 긍정적이고 낙관적인 칭찬과 격려만 했다. 우리 가족에게 말다툼이나 갈등이 없었다는 얘기는 아니다. 단지 아이들이 꾸지람을 들은 적이 없었다는 얘기다. 부모로부터 듣는 부정적 비난은 품성을 망치는 커다란 암 덩어리로 자라기 때문이다. 자기 자신에 대한 부정적 비난이 그중에서도 가장 악성인 종양이다.

유년기인 4, 5살 때 들은 부정적 비난이 근원이 되어 훗날 스스로를 문제 있는 성인으로 바라보게 되는 경우도 있다. 유년기에 지속적으로 칭찬과 격려를 듣고 자라는 아이는 남은 평생 동안 강하고 긍정적이고 자신감 있게 살아가는 경우가 많다.

이쯤에서 기쁜 소식이 있다. 유년기에 지속적 칭찬과 격려를 누리지 못했다면 당신이 스스로 충족시켜줄 수도 있다. 당신이 직접 치어리더 역할을 하면 된다. 이제부터는 당신 자신에게 긍정적으로 말하면 된다.

자신의 문제가 시간 관념이라고 해보자. 그런 문제는 부모를 보고 배웠기 때문에 나타날 수도 있다. 부모가 시간 약속을 자주 어긴 편이어서 당신도 시간 약속에 늦는 버릇이 들었을 수 있다. 아니면 친구나 동급생들이 자주 늦어서 친하게 잘 지내고 싶은 마음에 당신도 똑같이 행동했을 수 있다.

시간 관념을 철저히 하고 싶으면 시간을 잘 지키고 싶다고 말해보자. '좋아, 나는 시간을 잘 지키는 사람이야.' 이렇게 말했는데도 결국 늦게 되면 또 이렇게 말해보라. '이건 나답지 않아. 나는 시간을 잘 지키는 사람이야. 때때로 실수를 하지만 대체로 시간을 아주 잘 지키는 사람이야. 대부분 시간을 어기지 않아. 무슨 일이 생길 경우를 대비해 언제나 더 일찍 가는 방법을 찾자.'

스스로에게 말을 걸라. 직접 치어리더가 되어라. 이때는 그 순간에 일어날지 모를 양상이 아니라 일어나길 바라는 양상을 말하라. 실수를 저지른다면 이렇게 말하라. '실수했지만 실수가 곧 나 자신은 아니야. 그냥 실수일 뿐이야. 나는 실제로는 시간을 잘 지키는 사람이야.'

예를 들어보자. 우리 집 아이들이 자랄 때 나는 유년기의 큰 난관 중 하나가 두려움이라는 사실을 잘 알았다. 이맘때의 아이들은 실패할까 봐, 혹은 다른 아이들만큼 잘하지 못할까 봐 두려워한다. 실제로 우리 집 아이들은 그런 두려움 때문에 종종 열의를 잃기도 했고, 운동이나 다른 활동을 그만두기도 했다.

그 시절에 내가 아들 데이비드에게 이렇게 말해준 일이 기억이 난다. "네 아버지로서 너에 대해 이것 하나는 잘 알아. 너는 절대 포기할 애가 아니야."

"그렇지 않아요, 아빠. 가라테나 야구 같은 걸 하다가 넘어지거나 잘 못하면 하다 마는걸요."

"아니야, 아니야. 넌 그렇게 생각할지 모르지만 실제로는 넌 포기를 모르는 애야. 나는 네 아버지니까 잘 안다. 넌 어느 누구에게도 뒤지지 않는 재능이 있어. 그래서 한 발 물러서기로 마음먹는 경우는 있지만 포기하는 법은 없어."

그 무렵 아들은 자주 어울려 놀던 친구와 성격에 관해 얘기하던 중에 그 친구에게 이렇게 말했다. "나는 나 자신에 대해 한 가지는 알아. 난 포기를 모르는 성격이야." 나는 그 말을 듣고 혼잣말을 했다. "아이구, 기특한 녀석."

누가 우리 아이들에게 '일이 잘 안 풀리면 쉽게 포기하는 편이니?'라고 물으면 이런 대답을 들을 것이다. '절대 아니에요. 전 포기를 몰라요.' 내가 아이들에게 이런 말을 거듭거듭 해주었기 때문이다. "너는 재능이 굉장한 아이야. 절대 포기하지 마."

우리 아이들은 포기하려 하는 법이 없다. 잘되지 않는 일을 이것저것 많이 시도하면서도 절대 포기하지 않는다. 그러니 당신도 자신에게 이렇게 말하라. '나는 포기하지 않아, 포기하지 않아, 절대 포기하지 않아.' 아이들에게 이렇게 말해주라. '너는 포기를 모르는 애야. 어떤 일이 있어도 절대 포기하지 않는 네가 너무 자랑스럽다. 너는 이런저런 시도를 많이 하면서도 포기를 모르는 애야.'

'그렇지만 이번의 그 일은요? 저번의 그 일은요?'

'그건 처음엔 너에게 잘 맞지 않아서 그랬던 거야. 너는 계속 해보면서 훨씬 잘 맞는 뭔가를 찾아내. 절대 포기는 하지 않아.'

명심하라. 당신이 다른 사람에게 힘을 북돋워주고 칭찬해줄 때마다 부메랑 효과가 생겨난다. 당신에게 되돌아오는 부메랑 효과 덕분에 당신의 자존감과 자신감도 높아진다.

머릿속에 꿈꾸는 삶을 새긴다

이번에는 시각화의 힘을 알아보자. 외부로 나타나는 당신의 행동은 언제나 당신의 내면이 자신을 바라보는 모습을 따르기 마련이다. 그러므로 자신이 외적으로 최선을 다하는 모습을 머릿속에 그려보라. 당신만이 당신의 머릿속 그림을 통제할 수 있기 때문이다. 머릿속에 가능한 한 가장 이상적인 모습을 그려라.

그 방법과 비결은 무척 많다. 가령 당신이 건강한 몸을 만들고 싶어 한다고 해보자. 우선 몸이 건강한 사람이 수영복을 입고 있는 사진을 냉장고에 붙여두라. 그다음 자신의 사진을 찍고 그 사람의 얼굴에 당신 얼굴을 대신 오려 붙여라. 그러면 냉장고 앞에 갈 때마다 당신의 얼굴을 한 건강한 몸을 보게 되고, 잠재의식적 사고는 그것을 하나의 이미지로 받아들인다. 사실상 한 장의 사진으로 찍어 저장한 것과 같아서 당신이 먹을 것을 생각할 때, 운동을 생각할 때, 몸무게를 생각할 때, 옷을 생각할 때마다 그 사진이 되풀이해서 재생된다.

'나는 절대 포기하지 않아' 같은 자기암시를 하며 10번씩 글로 써보는 방법도 있다. 학교에 다닐 때 당신이 잘못을 저지르면 선생님이 '나는 항상 학교에 제시간에 등교합니다', '나는 항상 숙제를 제때 마칩니다' 같은 반대 행동을 글로 쓰도록 시켰던 것과 비슷한 방법이다. 선생님에 따라 10

번, 20번, 50번 혹은 100번씩 글로 쓰게 했다. 그 이유가 뭐였을까? 반복해서 쓰면 어느새 의식 속에 그림이 그려지기 때문이다.

자신에게 명령할 이미지를 글로 적을 때마다 사실상 그 그림을 보게 된다. '나는 절대 포기하지 않아'라고 쓰면 당신이 포기하지 않는 그림이 그려진다. '나는 다른 사람보다 더 오래, 더 열심히 일해'라고 쓰면 당신이 더 오래, 더 열심히 일하는 그림이 그려진다. 그러면 금세 잠재의식적 사고가 그 그림을 명령으로 받아들이면서 당신은 저절로 명령에 따르게 된다.

습관 들이기를 더 쉽게 해주는 방법들이 있다. 선망하는 자질을 골라 긍정적인 현재형 자기암시문을 적는 습관이 그중 하나다. '나는 언제나 시간을 잘 지켜. 나는 아침에 가장 먼저 일부터 시작해. 나는 하루 종일 일해. 나는 일할 시간에는 일만 해. 나는 무슨 일이든 끝까지 완수해.'

자기암시를 글로 적으며 10번 반복해서 써보라. 매일 아침 일어나서 10번씩 쓰다 보면 어느새 저절로 그런 태도로 행동하게 된다.

이렇게 자기암시를 적으면 일을 시작하는 시간을 지키지 않거나 할 일을 완수하지 않을 경우 마음이 거북해진다.

당신 자신에게 조금 화가 나기도 할 것이다. 그러면서 다시 제대로 해보려는 동기가 자극될 것이다.

새로운 습관이 몸에 배면 예전보다 여유 시간이 늘어나 훨씬 많은 일을 해내게 된다. 그러면 다른 습관을 기를 여유도 생긴다. '나는 언제나 일에 착수해서 끝까지 완수해'나 '나는 언제나 사람들을 따뜻한 마음과 존중하는 태도로 대해' 같은 또 다른 자기암시를 할 수 있다. 습관 들이기가 진전될수록 그 습관들 덕분에 새로운 습관을 들이는 데 활용할 시간과 기회는 더 늘어난다.

원하는 역할에 몰두한다

또 하나의 전략은 역할 맡기다. 배우들은 자신의 배역에 맞는 옷을 입는다. 자신이 그 배역의 실제 상황에 처해 있다고 인식하면서 사실상 그 인물이 될 때까지 몰두한다. 여담이지만 어떤 배우들은 영화 촬영 후에 이중인격 상태가 되어 정상으로 되돌아가는 데 애를 먹는 경우도 있다. 6개월이 걸리기도 하는 영화 촬영 기간 동안 그 인물로 살고 걷고 이야기하고 숨 쉬고 특유의 말투를 썼으니 그럴 만도 하다. 게다가 또 다른 영화에 출연할 기회를 얻으면 그 배역에 몰입해야 하기 때문에 신경과민에 걸리기도 한다.

이 얘기를 꺼낸 이유는, 당신이 바라는 이상적인 성격을 만드는 전략을 소개하기 위해서다. 자신의 가치관, 목표, 성격과 조화되는 조건 내에서 어떤 사람이 되고 싶은가? 내 경우에는 긍정적이고 아이를 격려하는 아버지다운 아버지가 되고 싶었다. 그래서 나 자신을 아이들에게 정말로 좋은 아버지의 모습으로 시각화했다. 그 시각화를 통해 오랫동안 아이들과 함께 많은 일을 경험했고 지금도 긍정적이고 자애롭고 격려할 줄 아는 사람의 자세로 아이들을 대한다.

속으론 화나거나 속상하거나 실망스럽더라도 내가 하는 행동과 말이 앞으로 아이들이 자신을 어떻게 생각하고 느낄지에 영향을 미친다는 점을 자각했다. 그 영향을 생각하면 언제나 긍정적으로 말하고 행동하는 편이 낫다. 그래야 아이들의 자존감이 성장한다.

최고가 되고 싶다면 최고를 따라 하라

내가 운영하는 스피치 클래스에서는 2개월에 한 번씩 12명을 수강생으로 받는다. 이 강의에서는 첫 3일간 연설 잘하는 방법을 집중적으로 가르친다.

나는 예전부터 배우와 정치인들의 유명 연설을 다운로드하여 이 수업에 활용했다. 자주 다운로드하는 연설 중 하나는 마틴 루서 킹의 '나에게는 꿈이 있습니다'다. 19세기 최고의 명연설로 평가받는 에이브러햄 링컨의 '게티즈버그 연설'도 빼놓을 수 없다. 많은 아이가 학교에서 배울 정도로 유명하므로 이 연설을 들려주며 수강생들이 뛰어난 연설가의 이미지를 머릿속에 그리게 해준다.

윈스턴 처칠도 최고의 명연설을 여럿 남겼다. 그의 연설을 틀어놓고 귀 기울여 들어보라. 책을 사서 읽는 것도 좋다. 책을 읽어보면 처칠이 그 연설을 위해 어떻게 준비했는지 알 수 있을 것이다. 그는 의회에서 연설하기 위해 여백에 메모를 쓰고, 집 안을 이리저리 걸어 다니고, 비서나 아내의 도움을 받으면서 연설문을 철저하게 준비했다.

영국 의회에서는 연설 예정 시간이 의사 진행 예정표에 실렸다. 예컨대 사람들은 예정표를 보고 오전 10시 40분에 처칠이 연설한다는 사실을 알게 되곤 했고 그 소문은 금세 의사당 내에 퍼졌다. '윈스턴이 온대. 윈스턴이 오늘 연설한대.' 그러면 의원들은 너 나 할 것 없이 처칠의 연설을 듣기 위해 회의장으로 갔다.

이런 방식으로 수강생들에게 연설을 가르치면 정말 놀라운 효과를 얻을 수 있다. 이전에 연설을 해본 적도 없던 이들이 첫 연설로 기립박수를 받는다. 그 이유는 사람들이 일

어나서 함성을 보내는 이미지를 머릿속에 그려놓았기 때문
이다.

당신이 일하는 분야에서 생산성이 가장 뛰어난 사람들을
찾으라. 그 사람, 혹은 그들의 일상적 습관에 자서전에 실
릴 만한 훌륭한 일면이 있는지 살펴보고 그 행동 방식을 따
라 하라.

젊은 시절에 깨달은 사실이지만, 훌륭한 리더는 다른 리
더에 대한 글을 읽으며 성장한다. 장군, 정치계 지도자, 위
대한 과학자나 스포츠계 인물 등의 전기와 자서전을 탐독
하며 자신이 비범한 업적을 이룬 사람처럼 되는 그림을 그
려나간다. 자신을 그들과 같은 모습으로 상상한다. 또한 그
들처럼 생각하고 걷고 말하고 행동하도록 스스로를 프로그
래밍한다.

타인에게 가르치며 되새긴다

또 하나의 비결은 스승 되기다. 앞에서 살펴봤듯 당신은 당
신이 주로 생각하는 대로 된다. 주로 읽는 대로 된다. 주로
스스로에게 말하는 대로 된다. 또한 당신이 가르치는 대로
되기도 한다.

따라서 당신에게 정말로 중요한 개념을 다른 사람들에게

가르치면 어느 순간부터 그 개념을 자신의 성격에 주입하게 된다. 당신이 용기를 가르치면 당신은 용감해진다. 꼼꼼함이나 바람직한 업무 습관을 가르치면 그런 습관을 들이게 된다.

당신은 당신이 가르치는 대로 되니, 가장 배우고 싶은 것을 가르쳐라. 어떤 주제에 정말로 관심이 있다면 그 주제를 점점 더 배우고 싶어지기 마련인데, 그 이유는 잠재의식적 사고와 초의식적 사고 깊은 곳에서부터 해당 지식이 당신에게 유용할 것이라는 메시지를 받기 때문이다.

비슷한 비결 중 하나는 다른 사람들의 롤모델 되기다. 나는 그동안 수만 명에 이르는 관리자들과 함께 일했다. 당신이 관리자가 되면 모든 사람이 당신을 곁눈질하며 지켜본다. 당신을 두고 이러쿵저러쿵 얘기를 한다. 집에 가서도 당신에 대해 생각하고 당신 얘기를 한다. 당신을 정면으로 쳐다보고 있지 않아도 당신을 주시하고 관찰하면서 메모한다. 당신을 존경한다면 당신과 같은 사람이 되고 싶어 하기도 한다.

당신이 할 수 있는 가장 경이로운 일 중 하나는 읽어볼 만한 책을 그들에게 건네주며 도와주는 것이다. 지금까지 나는 직원들에게 많은 책과 오디오 북을 권해주었다. 그러면 몇 년쯤 후에 그 직원들이 나를 찾아와 이렇게 말한다. '그 책을 읽어보라고 주신 덕분에 제 삶이 바뀌었어요. 제 평생의 삶이 바뀌었어요. 저는 고위 임원이 되었어요.' '지금 제 회사를 운영하고 있어요. 예전에는 꿈도 못 꾸었을 만큼 많은 돈을 벌고 있어요.' 그러니 권위 있는 자리에 오르면 모든 사람이 당신을 주시한다는 사실을 명심하라.

오래전 아프리카에서 알베르트 슈바이처 박사와 일한 적이 있다. 이후 20세기 최고의 인도주의자로 손꼽히는 인물인 그의 글을 많이 읽었다. 그는 사람을 '모범'이라는 학교에서 가르쳐야 하며, 그 이유는 모름지기 사람이란 모범을 통해서만 배우기 때문이라고 강조했다.

내가 아이들을 키우며 깨달은 것은 말로 가르치기보다 모범을 보여주는 것이 아이들의 인격 형성을 더 크게 좌우한다는 사실이다. 당신의 말은 흘려듣더라도 당신의 행동은 뇌리에 새겨진다. 사람은 나이 35살이 되어도 여전히 부모의 말과 행동에 영향을 받는다.

아이를 행복하고 건강하게 키우고 싶다면 배우자를 사랑하면서 극진히 존중하고 다정히 대하라. 그래야 아이들이 그런 자세를 기르기 때문이다. 나에게는 결혼한 아들이 둘 있는데 모두 아내를 애정과 존중으로 대한다. 말다툼이나 부부 싸움도 하지 않고 언제나 행복하게 지낸다. 자신의 아이들도 똑같은 자세를 갖도록 기르고 있다. 딸은 멋진 남자와 결혼해서 세 아이를 두고 있는데 사위가 딸을 대하는 태도도 내가 아내를 대하는 태도와 똑같다. 애초에 딸이 15살 때 사위에게 끌린 이유도 내가 아내를 대할 때 보여주는 면모를 그가 갖추고 있었기 때문이다. 딸의 잠재의식이 그런 남편감을 원했던 것이다.

둘은 각각 14살과 15살 때 휴가를 갔다가 만나게 되었다. 이때 어른이 되면 결혼하기로 마음먹을 만큼 서로에게 끌렸다. 그러다 어른이 되어 대학을 졸업했고 마침내 한집에 살다 결혼했다. 둘의 결혼은 정해진 운명이었다. 성장하면서 본 모습을 서로에게서 봤기 때문에 서로 끌렸던 것이다.

CHAPTER 3

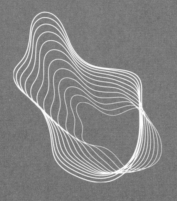

내 삶의 목적지는
어디인가

○

●

　　이제부터는 더 구체적인 전략을 이야기
하려 한다. 먼저 '명확성'을 끌어내기 위한 정신적 전략을 이
야기하는 것이 적절할 듯하다. 생산성을 높이고 성공하려면
자신이 재능과 기술과 열망의 측면에서 무엇을 추구하는지
를 명확하게 정해야 한다. 사업가로서 구체적 목표는 무엇
인가? 얼마나 많이 팔고 싶은가? 얼마나 벌고 싶은가? 어떤
유형의 수익을 달성하고 싶은가?

　당신의 상품이나 서비스가 고객에게 어떤 이득을 제공해
줄지를 빈틈없고 명확하게 규정해야 한다. 당신의 고객층
이 어떤 사람들인지, 그들이 무엇을 원하고 필요로 하는지,
기꺼이 지불할 만한 금액은 어느 선일지 등을 명확히 해야
한다.

경쟁자들에 대해서도 명확히 해두어야 한다. 경쟁자는 무엇을 내세워 당신의 희망 고객층을 끌고 있는가? 고객이 당신보다 경쟁자가 더 낫다고 여기는 이유는 뭔가? 고객이 당신의 상품을 경쟁자의 상품과 비교해서 어떻게 생각하고 있는가? 고객이 경쟁자의 상품을 고르는 이유는 무엇인가? 고객은 경쟁자의 상품을 구매할 때 무슨 이점이 있다고 여기는가? 어떻게 하면 그런 이점을 상쇄시킬 수 있을까?

이것이 내가 명확성을 강조하는 이유다. 앞으로 당신이 저지를 모든 실수는 성취하려는 바가 불명확한 탓이다. 목표가 불명확하기 때문이다. 시간을 내서 목표를 파악하는 일은 정말로 중요하다.

알베르트 아인슈타인은 인류를 파멸로 몰고 갈 만큼 심각한 문제가 발생했는데 해결할 시간이 1시간뿐이라면 그 시간을 어떻게 배분하겠느냐는 질문을 받고 이렇게 대답했다. "90퍼센트는 문제점을 파악하는 데 쓰고 10퍼센트는 해결책을 시행하는 데 쓰겠습니다."

알렉산드로스 대왕은 시대를 통틀어 가장 위대한 장수로 인정받을 만한 인물이었다. 당시 알려진 세계의 전부였던 지중해 연안부터 인도 전역에 이르는 지역을 정복했다. 정복 여정 동안 그는 부하 장수들과 함께 천막에서 지내며 매

전투 때마다 계획을 짰다. 이전에 싸워본 적 없는 상대편 군대에 관해 시간을 들여 조사하고 첩보 활동을 하는 한편 포로와 첩자를 통해 상대가 어떤 자들인지, 어떤 식으로 공격해 올지, 승리하기 위해 어떤 작전을 펴야 할지 등을 빈틈없이 파악했다.

알렉산드로스 대왕은 자신의 군대보다 10배나 규모가 큰 적들과 싸우며 중요한 전투마다 승리했다. 그렇게 여러 산악과 사막과 강을 지나 당시 알려진 모든 세계에서 거듭 승리한 이유는 마주한 상황이나 승리를 위해 해야 하는 일을 철저하게 분명히 한 덕분이었다.

따라서 경쟁자들보다 5배나 10배 더 많이 벌고 싶다면 당신이 무엇을 하고 있으며 무엇을 할 줄 알아야 경쟁자들보다 월등히 높은 가치를 창출할 수 있는지를 더 명확히 파악해야 한다.

IBM은 1928년에 데이터처리용 카드 천공기를 판매하며 사업을 시작했다. 시간이 지나면서 회사는 성장을 이어갔다. 세계 대공황도 거뜬히 견뎌내고 살아남았다. 1960년대에는 일명 360이라는 기계를 출시했고, 최초의 대표적 데이터처리 컴퓨터인 이 기계는 폭풍이 몰아치듯 순식간에 시장을 장악했다. 급기야 1982년 무렵엔 IBM이 세계 컴퓨터 생산 시장의 83퍼센트를 점유하기에 이르렀다.

이렇게 대단한 판매 기록을 이뤄낸 열쇠는 무엇이었을까? IBM은 경쟁사들에 비해 제품의 성능이 뛰어나거나 빠르지도, 가격이 저렴하지도 않았다. 언제나 각 경쟁사에 비해 특정 편의성이나 이점이 미흡하고 가격이 비쌌는데도 세계에서 컴퓨터를 가장 많이 팔았다.

대체 그 이유가 뭐였을까? IRR, 즉 내부수익률internal rate of return(현재 투자한 지출의 가치가 미래의 현금 수입액과 동일하게 되는 수익률-옮긴이)을 판매 방식으로 내걸었기 때문이다. IBM은 자사의 제품을 구매하면 특정 기간 후에 본전을 뽑는다는 점을 강조했다. 특정 기간이 지나면 본질적으로 돈 들 일이 없으니 그때부터는 IBM의 컴퓨터를 쓰면서 오히려 수익이 늘어나는 셈이라는 얘기였다. 자사의 컴퓨터를 쓰지 않는 경우보다 사실상 돈을 더 벌게 된다고 주장하면서, 매년 정확히 얼마만큼의 돈을 절약하거나 벌게 될지를 증명해 보이기도 했다.

요컨대 이런 말이었다. 우리 제품을 구입하면 본전을 뽑는 데다 이익까지 챙기게 된다. 제품을 사용하기 위해 선불로 돈을 내지만 쓰다 보면 본전을 뽑고, 그 이후부터는 매년 이익을 내는 셈이다. 따라서 우리 제품을 쓰면 쓸수록 이익이 계속 커진다. 우리 제품을 구입하기 위해 돈을 쓰면 그만큼 부자가 되고, 우리 제품을 더 많이 구매할수록 더 빠르게 부자가 된다.

이런 판매 비결에 힘입어 IBM은 세계 챔피언으로 등극했고 매년 《포천Fortune》을 비롯한 여러 유력 경제지로부터 세계 최고의 기업으로 선정되었다.

IBM 임직원 중 많은 사람이 부자가 되었다. 1962년경에는 IBM이 무척 높은 판매 기록을 세워서 영업 사원들이 판매 수당으로 10만 달러까지도 벌어들였다는 발표가 나기까지 했다. 영업 사원으로선 이 정도를 벌고 나면 일을 계속하면서도 돈은 벌 만큼 벌었다고 생각했을 것이다.

IBM의 영업 사원이었던 로스 페로Ross Perot는 당시 어떻게 했을까? 영업 실력이 출중했던 그는 1월 24일에 이미 판매 수당으로 10만 달러를 찍었다. 그래서 퇴사해 자신의 회사를 차렸다. IBM처럼 내부수익률을 전략으로 활용한 그는 미국에서 제일가는 부자가 되었다.

IBM의 마케팅 전략은 무척 뛰어났다. 상대를 이런 식으로 설득했다. '귀사의 사업이 돌아가는 방식이라든지 사람들, 직원, 세금, 기계류, 장비 등 사업의 특정 부문을 처리하기 위한 소요 비용이 어느 정도인지 알려주세요. 그러면 제가 제안서를 갖고 다시 찾아뵙고 저희 제품이 공짜나 다름없다는 점을 설명드릴 수 있습니다. 열흘 뒤에 다시 와서 제안서를 드리겠습니다. 귀사에는 실력 뛰어난 분들, 그러니까 회계사들이 계시니 제안서를 검토한 후 의견을 밝혀주시면 됩니다.' 대놓고 제품을 팔려는 노력은 하지도 않는다. 기똥차게 죽이는 전략이다.

당시 모두가 이런 제안을 확인해보고 싶어 했다. 제안서를 시험 삼아 검토하고 정말 제안대로인지 아닌지를 확인하려 했다. 이후 잠재 고객들은 이렇게만 물었다. '제품 구입 비용 수십만 달러를 언제 지불할까요? 얼마나 빨리 설치할 수 있죠? 얼마나 빨리 사용할 수 있을까요?' 흥정하려하거나, 애매모호하게 굴거나, 할인을 요구하는 일 따위는 없었다. 그저 얼마나 빨리 제품을 구입할 수 있는지만 물어봤다.

나도 오랫동안 이 전략을 활용했다. 특히 B2B^{business to} ^{business}(기업 간 거래)에서는 기업이 상품에 들어간 비용에 대비해 더 많은 돈을 벌어들이길 바라거나 기대하기 때문이다. 상품은 경기가 하락세일 때 더 높은 절약 효과를 내주고 상승세일 때 더 높은 수익을 발생시켜줘야 한다. 그렇지 않다면 기업은 그 상품을 구입해서는 안 되고 당신도 그 상품을 팔아서는 안 된다.

따라서 고객이 당신의 상품이나 서비스를 구입해서 사용하면 얼마나 이득을 얻을지를 분명히 해두어야 한다. 그 제품에 신뢰를 갖도록 설득하면서 증명해 보여야 한다.

얼마 전에 한 친구가 마케팅 전략을 제공한다는 전면 광고를 《USA 투데이 USA Today》에 냈다. 광고 문구는 이랬다. "저에게 상담을 의뢰하시면 12만 달러 상당의 마케팅 전략 컨설팅을 공짜로 해드립니다." 아주 배짱 두둑한 제안이었는데 나는 그가 무슨 전략을 쓰는지 눈치챘다. 일명 리스크 리버설 risk reversal 을 내세우려는 것이었다. 간단히 말하자면 이런 얘기다. '새로운 상품이나 서비스를 구입하면 항상 위험이 수반되기 마련이므로 내가 상품이나 서비스를 제공하되 당신이 내가 보장하는 수익을 얻지 못하면 대금을 청구하지 않겠다. 내가 위험을 반전시켜서 모두 떠안겠다. 따라서 당신은 아무런 위험도 감수하지 않아도 된다. 당신이 성공을 거두지 못하면 대금을 지불하지 않아도 되고, 성공하면 막대한 돈을 벌거나 절약할 것이다.'

친구가 전국판 신문에 전면 광고를 실을 수 있었던 이유는 이 제안이 무척 솔깃하기 때문이다. 광고를 올리면 실제로 전화가 쉴 새 없이 울린다. 사람들은 전화를 걸어 이렇

게 말했다. '제발, 부탁이에요, 의뢰를 맡아주세요. 저에게
상품을 팔아주세요. 저희 쪽으로 방문해주세요. 상품을 준
비해서 와주세요.' 이렇게 말하는 이유는 모든 것이 명확성
을 띠기 때문이다.

친구는 이렇게 응대한다. '선생님 사업의 작동 방식과 비
용을 살펴보게 해주십시오. 그다음에 저희 거래 절차에 따
라 이 리스크 리버설을 제공해드릴 수 있는지 알려드리겠습
니다. 만약에 제공해드릴 수 없는 경우라면 저는 상품을 판
매하지 않을 것이고 선생님도 구입하실 필요가 없습니다.'

세계 최고의 부자들 중에도 자신의 상품이나 서비스에
지불하는 비용이 고객이 돌려받을 이득에 비하면 저렴하다
는 점을 분명히 보여주는 능력을 발휘해 부를 일군 사례가
많다. 이 사례들의 관건은 하나의 예외도 없이 명확성이다.

고객은 이런 질문을 던지기 마련이다. '첫째, 내가 왜 이
상품을 사야 하죠? 둘째, 내가 왜 당신한테서 이 상품을 사
야 하죠? 그리고 셋째, 내가 왜 지금 사야 하죠?' 당신은 명
확한 답변을 제시할 수 있어야 한다.

상품이나 서비스를 구입하려는 결정권자는 다음의 4가
지 질문을 하기 마련이다. 소리 내서 묻지는 않더라도 그
답을 알고 싶어 한다.

1. 비용은 얼마나 들까요? 당신이 제시하는 그 이득을 얻으려면 내가 얼마를 지불해야 합니까?
2. 내가 얻을 이득을 수량화한다면 정확히 어느 정도인가요?
3. 그 이득을 얼마나 일찍 얻게 될까요?
4. 그 이득을 얼마나 신속히 얻게 될까요?

이 질문은 얼마나 투입해서 얼마나 얻느냐의 문제다. 얼마나 신속하고 얼마나 확실하게 이득이 생기느냐의 문제다. 당신은 이 모든 질문에 답을 줘야 한다. 그렇지 않으면 고객은 이렇게 말할 수밖에 없다. '생각해보고 다시 전화드리겠습니다. 메일로 자료를 보내주세요. 전화는 안 주셔도 됩니다. 제가 나중에 전화하겠습니다.'

하지만 명확하게 대답할 수 있으면 팔고 싶은 사람 모두에게 원하는 상품을 팔 수 있다.

생산성을 높이는 목표 설정의 힘

나는 오래전부터 목표 설정의 힘을 강조해왔다. 이번에는 목표를 활용해 당신의 분야에서 생산성을 높이는 방법을 얘기해보자.

죽기 살기로 매달려 이 주제를 조사해온 내가 살펴본 연구 결과들에 따르면 성인의 3퍼센트만이 목표와 계획을 글로 적어둔다고 한다. 나머지 97퍼센트는 희망 사항과 바람이라면 모를까 목표와 계획은 종이에 적어놓지 않는다.

  어느 사회에서든 돈이 가장 많은 사람들은 모두 목표가 있다. 어느 사회에서든 가난한 사람들은 목표가 없다. 둘 중 어느 쪽에 들고 싶은가? 답은 간단하다.

  나는 그동안 많은 공개 세미나를 통해 500만 명이 넘는 사람들에게 강연을 했다. 이런 자리에서는 거의 언제나 기본으로 돌아가서 목표에 대해 얘기해보자고 말한다. 그러면 매주 사람들이 나를 찾아와 이렇게 말한다. '선생님 덕분에 제 삶이 바뀌었어요', '선생님 덕분에 부자가 되었어요', '선생님 덕분에 목표라는 걸 알게 되었어요.'

  '제가 어떤 부분에서 그렇게 큰 도움이 되었나요?'

  내가 물어보면 어김없이 이런 대답이 돌아온다. '목표요. 저는 명문대를 나왔어요. 남부럽지 않은 가정에서 자라긴 했지만 평생 돈이 궁했어요. 그러다 목표를 적어놓은 지 한 달도 지나지 않아서 제 삶이 변했어요. 믿을 수 없을 정도로요.'

효과적인 목표 설정의 7단계

나는 목표 설정에 무척 효과적인 7단계 방법을 알고 있다. 그동안 전 세계 곳곳에 전수한 그 방법을 소개한다.

1단계: 원하는 바를 정하라

앞서 얘기했듯 명확성이 중요하다. 그러므로 1단계에는 언제나 삶의 특정 영역에서 당신이 원하는 바를 정확히 정해야 한다. 이때의 목표는 그날 하루를 마쳤을 때의 결과다. 즉, 당신이 성취하고 싶은 것이다. 당신이 되고 싶은 상태나 갖고 싶은 것이나 하고 싶은 일은 무엇인가?

목표는 구체적이어야 한다. 목표를 분명히 해서, 5살짜리 아이가 알아듣게 말해줄 수 있고 그 아이가 다른 사람에게 내용을 제대로 알려줄 수 있을 뿐만 아니라 그 사람도 당신의 목표가 뭔지 잘 알아들을 수 있을 정도여야 한다.

2단계: 글로 적으라

2단계는 글로 적어놓기다. 이때는 손으로 써야지 타이핑해서는 안 된다. 다 그만한 이유가 있어서 하는 얘기다. 몇 년에 걸쳐 수차례나 같은 결과가 나온 관련 연구에 따르면, 노트북 컴퓨터로 타이핑한 대학생들은 자기가 쓴 내용을 하나도 기억하지 못한다. 반면에 손으로 필기하는 사람들은 지능과 학력이 평균 수준인 경우에도 타이핑을 활용하는 천재들을 능가한다. 아무리 천재라도 수업을 마치고 노트북 컴퓨터를 닫을 때는 타이핑한 내용을 모조리 까먹기 때문이다.

그러니 손으로 써야 한다. 손으로 쓰면 초의식적 사고에 써넣는 것과 같다. 원한다면 터치스크린에 필기해도 된다. 다 쓰고 나면 그 내용이 자동적으로 초의식적 사고로 옮겨진다.

앞에서도 얘기했지만 끌어당김의 법칙이라는 게 있다. 간단히 말하면 당신은 자신의 지배적인 생각과 잘 맞는 사람들과 환경을 당신의 삶으로 끌어당긴다는 얘기다. 따라서 가장 중요하게 여기는 목표와 관련하여 그 지배적인 생각을 명확하게 다잡아두어야 한다. 실패할까 두려워하거나 불안해하거나 돈을 잃을까 걱정하면 당신의 삶으로 그런 일들을 끌어당기게 된다.

대다수 사람들은 이 놀라운 힘을 자신에게 적대적으로 쓴다. 청구서, 골칫거리, 자신을 속인다고 의심되는 사람들 등을 떠올리며 이런저런 걱정을 한다. 그 결과는 아니나 다를까다! 그런 생각은 부정적인 사람들을 당신의 삶으로 자꾸 끌어당긴다. 그럼 주로 어떤 사람들과 얽히겠는가? 자기 삶의 문제들을 끄집어내 불평불만을 해대는 사람들이다.

그 사람들은 무슨 생각을 할까? 뜬눈으로 밤을 지새우며 비관적인 일들을 생각하면서 자꾸만 부정적인 끌어당김의 에너지장을 형성한다. 명심하라. 사람은 누구나 숨겨진 자석과 같다. 모든 사람은 뇌 속에 자석을 가지고 있다. 자석이 철 입자를 끌어당기듯, 뇌 속의 이미지나 생각과 잘 맞는 사람들과 환경을 자신들의 삶으로 끌어당긴다. 특히 감정적 상태일수록 더하다.

목표를 적고 다시 읽으면서 감정적으로 다루면 그 목표에 전력을 공급해 더욱더 힘을 실어줄 수 있다. 목표를 긍정적으로 적으면 파장이 진동하여 당신의 목표를 실현해줄 사람들, 환경, 아이디어, 통찰을 당신의 삶으로 끌어당겨주는 에너지의 장이 세워진다.

3단계: 최종 시한을 정하라

3단계는 최종 시한 정하기다. 최종 시한을 정하면 그 내용이 잠재의식적 사고에 전달되고, 잠재의식적 사고는 목표를 달성하기 원하는 시한에 대한 실질적 내용을 초의식적 사고에 전해준다. 초의식적 사고는 그런 내용을 알고 있어야 한다. '미래의 언젠가 부자가 되고 싶다'는 식으로 말하면 안 된다. 그 언젠가가 30년이나 40년이 될 수도 있기 때문이다.

이번에도 명확성이 중요하다. 내 세미나에 참석했던 이들 중 상당수가 이런 말을 했다. '명확성을 기하지 않은 바람에 수년의 인생을 허비했네요. 제 뇌 속에 아무리 성능이 놀라운 초의식적 컴퓨터가 있더라도 제가 지시하지 않고, 어떤 방향이나 지침도 알려주지 않는다면 어떻게 작동할 수 있겠어요?'

사례 하나를 들어보자. 당신이 근사한 레스토랑에 전화해서 이렇게 말한다고 상상해보라. '여보세요, 제 이름은 브라이언 트레이시입니다. 그곳에 저녁을 먹으러 가고 싶어서 전화했습니다.'

전화를 받은 상대가 묻는다. '어느 날짜에 오시겠습니까?'

'글쎄요, 잘 모르겠네요.'

'식사 인원은 몇 분이십니까?'

'아직 정하지 않았습니다.'

'저녁 몇 시로 예약해드릴까요?'

'그것도 확실하진 않지만 예약을 해놓아서 그곳에 갔을

때 정중히 대우받고 싶은데요.'

이쯤 되면 상대방은 당신의 목 위에 달린 그것에 문제가 있다고 여길 만하다. 그렇게 간단한 사실도 모르면서 저녁 식사 예약을 할 순 없으니 그럴 수밖에 없다.

초의식적 사고에 놀라운 힘이 있다고 상상하면 당신이 삶에서 원하는 것이 무엇이든 초의식적 사고가 이끌어줄 수 있지만 우선은 원하는 것을 명확히 해야 한다.

이쯤에서 소개하고 싶은 사례가 있다. 자주 하지 않은 이야기로, 내가 오래전에 여러 목표에 노력을 기울이기 시작했을 때의 일이다. 당시 나는 사귀는 사람이 없었는데 이상형의 여자를 만나고 싶었다. 나는 목표 설정이 효과가 있다는 것을 알고 있었다. 직접 활용해봤기 때문에 그 효과를 잘 알고 있던 차에 이런 생각이 들었다. 목표 설정이 자동차를 구하고 취직하고 돈 버는 데 효과가 있다면 이상적인 사람을 찾는 일에는 어떨까?

나는 나에게 꼭 맞는 이상적인 사람의 요건을 적었다. 이상형에게 바라는 희망 사항을 25가지 정도 썼던 것 같은데 정말 놀랍게도 몇 주 만에 그런 사람이 내 삶으로 걸어 들어왔다. 나도 그녀도 서로에게 관심이 끌렸고, 같이 커피를 마시고 저녁도 먹다가 사귀게 되어 2년 가까이 만남을 이어갔다.

그런데 희망 사항을 적을 때 부주의하게 챙기지 못한 몇 가지가 있었다. 차분함, 긍정성, 명랑함, 정상적 성격이었다. 그녀는 정상이 아닌 사람이었다. 누구나 그렇겠지만 살다 보면 신경증에 걸린 상대를 만나 자신이 바라는 사항과 바라지 않는 사항에 대해 많은 것을 배우게 된다.

2년 후에 지금의 아내, 바버라를 만났다. 당시 그녀는 사귀는 사람이 없었다. 우리는 한 지방대학에서 함께 강의를 듣고 있었다. 바버라는 어떻게 살아야 하는지 확실히 계획하지 못했다며 이렇게 말했다. "나에게 딱 맞는 이상적인 사람을 어떻게 찾을 수 있을까?"

"그거야 아주 간단하지. 자리에 앉아서 이상적인 사람에게 바라는 희망 사항을 전부 써봐."

"그게 효과가 있을까?"

"걱정 말고 해봐. 효과 있다니까."

"하지만 좀 차갑거나 고지식한 게 아닐까? 로맨틱하지 않은 것도 같고?"

"아니, 그렇지 않아. 잘못된 사람을 만나서 오랜 시간 네 삶을 뒤죽박죽으로 망치는 게 로맨틱하지 못한 거지."

"듣고 보니 흥미로운 생각인데."

그날 헤어진 우리는 각자의 일상으로 돌아갔다. 집으로 돌아온 나는 이젠 희망 사항 목록을 새로 써야 할 때라고 생각했다. 그래서 자리 잡고 앉아 종이를 펼쳐놓고 목록을 적어나갔다. 나에게 맞는 이상적인 사람에게 바라는 성향이 40가지쯤 되었는데 그중엔 정상적 성격, 분별력, 다정다감함, 연민, 단정한 용모, 느긋함, 편안함, 열린 마음, 유연성도 있었다.

시간이 흐른 어느 날, 바버라가 전화해서 이렇게 말했다. "네 조언대로 해봤는데 내가 쓴 걸 너랑 같이 보고 싶어."

"좋아. 학교에서 보자."

나는 바버라를 만나 물었다. "뭘 알게 됐어?"

"네가 말한 대로 전부 써봤더니 나에게 이상적인 사람이 정확히 어떤 사람인지 확실히 알겠더라."

"잘됐네. 어떤 사람인데?"

"너야."

나는 깜짝 놀랐지만 곰곰 생각해보며 내가 쓴 목록을 봤다. 우리는 각자의 목록이 서로를 가리키고 있다는 사실을 깨달았다. 우리는 결혼을 했고 40년째 부부로 살고 있다.

이런 방법이 사업에도 효과가 있을까? 내가 예전에 사업을 운영할 때의 일이다. 좋은 상품을 개발했는데 나를 위해 일해줄 뛰어난 실력자가 필요했다. 그것도 주로 판매 수당을 받고 상품을 시장에 팔아줄 사람이어야 했다. 그래서 이상적인 사람에게 바라는 희망 사항 32가지를 써봤다. 이틀 후 전화 한 통을 받았다. 전화한 사람은 임원 출신의 아주 유능한 인물이었다. 일을 그만두고 새로운 일자리를 찾고 있다가 예전에 나에 대해 들은 얘기가 생각나 전화한 것이었다. 내 회사에서 일하고 싶어 한 그는 나를 찾아와 얘길 나눌 수 있을지 문의했다. 나는 평소와 달리 그 요청에 응했다.

그가 찾아왔을 때 내가 말했다. "30분 정도밖에 시간이 없습니다. 나가야 해서요." 그런데 나는 그와 3시간을 함께 보냈고 결국 그를 채용했다. 내가 절대 하지 않는 일이었다. 원래 나는 딱 한 번 보고 사람을 채용하는 법이 없었다. 내 회사로 출근한 그는 일을 굉장히 잘해주었다. 명석하고 유능하며 창의적이고 영업과 마케팅의 귀재이고 기타 등등 빠지는 게 없는 팔방미인이었다.

한 달 정도 후에 나는 그에게 말했다. "보여주고 싶은 게 있어요. 내가 다른 사람들에게도 가르쳐주는 체계인데 전에 당신에게도 활용했어요. 당신을 만나기 전에 이 목록을 썼어요." 우리는 그 목록을 훑어봤는데 그는 내가 적은 자질 모두를 갖추었을 뿐만 아니라 6, 7개쯤의 자질이 더 있었다. 그는 컴퓨터 프로그래밍을 잘했고 온라인 마케팅 구상도 잘했다. 우리의 잠재 고객을 비롯한 여타 기업들의 데이터 시스템과 상호 연동하는 데도 능했다. 믿기 힘든 인재였다.

희망 사항을 글로 적어두는 이 방법이 효과가 있을까? 효과가 있다. 명확히 적어놓으면 그로 인해 얻을 이득 때문에라도 명확하게 생각할 수밖에 없게 된다. 그저 글로 적는 것만으로 그렇게 된다는 얘기다.

아내와 내가 결혼한 시기에 우리는 사업을 시작하느라 돈이 바닥난 처지였다. 결국 셋집으로 이사를 가야 했다. 이사 후 나는 이렇게 말했다. "평생을 이 집에서 살고 싶지는 않아. 그런데 우리가 살고 싶은 곳은 어떤 집일까?" 우리는 목록을 만들었는데 적다 보니 42개 항목을 쓰게 되었다. 이상적인 집에 바라는 희망 사항을 적은 이 목록을 우리는 지금도 가지고 있다. 목록을 만든 우리는 《베터 홈스 앤드 가든스Better Homes and Gardens》, 《아키텍추럴 다이제스트Architectural Digest》 등 멋진 주택들의 모습이 실린 잡지를 샀다. 그리고 노력에 착수했다.

2년 반이 흐른 뒤 우리는 그 집을 나와 다른 주, 다른 국가, 다른 도시로 이사했다. 그야말로 놀랄 만한 일이었다. 또한 그동안 번 돈으로 집을 사고 여유 있게 집값을 치를 수 있었다.

그렇다면 이 방법이 효과가 있는 걸까? 그렇다, 효과가 있다.

지금까지의 설명을 요약하자면, 1단계는 당신이 원하는 바를 5살배기도 알아듣게 설명할 수 있을 만큼 명확히 정해놓기다. 2단계는 그 원하는 바를 5살배기도 읽고 이해할 수 있을 만큼 적어놓기다. 3단계는 최종 시한 정하기다.

4단계: 목록을 작성하라

4단계는 목록 작성이다. 부와 행복을 이루기 위한 기교는 여러 가지지만 목록 작성은 그중에서도 가장 훌륭한 기교로 꼽힌다. 목록은 생각과 초의식적 사고를 최대한 깊이 활성화하도록 몰아붙여준다.

목표를 이루기 위해 해야 할 듯한 일을 떠오르는 대로 모조리 적으라. 생각해낼 수 있는 모든 것을 적어야 한다. 그러자면 대체로 종이에 쓴 것을 몇 번 다시 읽어봐야 한다. 해야 할 일을 적고, 다시 읽어보고, 다시 적어나가고, 다시 읽어보고 나서 계속 적으면 된다. 적다 보면 2, 3쪽, 또는 4쪽이 될 수도 있다.

이 작업은 기업이 새로운 사업을 벌여 새로운 시장에 새로운 상품을 내놓고 싶어 하는 경우와 흡사하다. 이런 기업에서는 회의를 하고 계획을 세우기 마련이다. 신상품을 개발하기 위해 해야 할 모든 일을 목록으로 작성하기도 한다.

애플의 경우엔 아이폰을 처음 출시할 때 수백 쪽이 넘는 목록을 작성했을 것이다. 애플이 드디어 샌프란시스코에서 아이폰을 공개하는 동시에 시장에 내놓기 이전까지 제품 구상에 참여한 엔지니어만 해도 전 세계적으로 대략 4000명이나 되었으니 말이다.

5단계: 목록을 정리하라

5단계에서 할 일은 목록 정리하기다. 목록을 우선순위에 따라 정리하면 된다. 참고로 아툴 가완디Atul Gawande의 『체크! 체크리스트The Checklist Manifesto』라는 훌륭한 경영서를 권하고 싶다. 나는 이 책을 2, 3번쯤 읽었는데 읽다 보면 푹 빠져들게 된다. 책에는 확실하고 자세한 체크리스트를 (아주 복잡한 절차를 따르면서) 순서대로 작성하고 오점이나 착오 없이 성취한 사람들의 사례가 나온다. 누구보다 뛰어난 기술과 지식을 갖추고 자금도 많으면서 한 가지 핵심적 단계를 생략하거나 뺐던 사람들의 사례도 나온다. 이들은 결국 자기 자신과 사업을 파멸시켰고, 일부는 많은 이들의 죽음을 유발했다.

『체크! 체크리스트』에 따르면 무언가를 이루기 위해서는 체크리스트를 만들어야 한다. 성공하려면 반드시 목표 달성을 위해 해야 할 모든 일을 순서대로 체크리스트로 만들어야 한다. 가장 먼저 뭘 해야 할까? 두 번째로 할 일은 뭘까? 세 번째와 그다음 차례에 할 일은 뭘까?

6단계: 행동을 취하라

6단계는 행동 취하기다. 체크리스트가 있고, 목표가 뭔지 알고 있으며, 최종 기한이 정해져 있으니 이제는 행동할 차례다. 이제는 몸을 움직일 때다. 일어나라. 지금 있는 그 자리에서 몸을 일으켜라. 전화기를 들어라. 인터넷에 접속하되 즉시 뭔가를 하라. 축구 시합에서 첫 번째로 공을 차는 것처럼 행동을 개시하라. 행동을 미루며 '목표를 정해서 적어났잖아'라고 둘러대면 안 된다.

단지 행동을 개시하는 것으로도 놀라운 체험을 할 수 있다. 당신의 초의식적 사고가 목표를 실현하기 위해 하루 24시간 일하기 시작하기 때문이다. 행동을 취하면 정신력이 발동하고 초의식적 사고가 활성화한다.

7단계: 날마다 뭔가를 하라

7단계는 날마다 당신의 목표에 한 발짝이라도 가까이 다가서게 해줄 뭔가를 하기다. 일주일에 7일, 매일매일 뭔가를 하라는 얘기다. 원한다면 한 걸음 이상을 나아가도 된다. 힘들더라도 목표를 달성할 때까지 일주일에 7일, 매일매일 뭔가 한 가지를 하라.

이렇게 하다 보면 이런저런 면에서 당신이 자신에게 최악의 적이 되기 마련이다. 흔히 당신 자신이 최대의 비판자가 된다. 턱도 없는 목표를 세웠을지도 모른다. 오래전 좁은 아파트에 세 들어 살며 임대 가구를 쓰고 지내던 때 '백만장자가 되고 싶어' 같은 목표를 세웠던 기억이 난다. 빈털터리에 가까운 신세였고 영업 일을 하며 판매 수당으로 생계를 이어가고 있었다. 나는 백만장자가 되고 싶다는 목표를 적으며 스스로 물었다. '백만장자가 되기 위해선 어떤 단계를 취해야 할까?'

지금 내가 성공의 심리학에 관해 알고 있는 것을 그때 알았더라면 이렇게 답했을 것이다.

1단계: 매일 아침 일찍 일어나기. 성공한 사람들은 아침에 일찍 일어난다.

2단계: 목표를 현재 시제로 쓰고 또 쓰기. 종이를 가져다 놓고(나는 스프링 노트를 좋아한다) 10가지 목표를 써 보라. 10개 이상 적어도 상관없지만 머리가 편하게 처리할 만한 개수는 한 번에 대략 10~15개다. 그 이상은 무리다.

목표는 현재 시제로 서술해서 이미 그 목표를 이룬 것처럼 적으라. '어떠어떠한 목표를 이루겠어'가 아니라 '어느 어느 날짜쯤엔 나는 자수성가한 백만장자야' 하는 식으로 적으면 된다.

3단계: 매일 1시간 이상씩 책 읽기. 배울 거리가 있고 정신을 고양하고 동기를 유발해주는 책을 찾아 읽으라. 사고에 단백질을 제공해주는 책, 당신 자신과 삶을 더 기분 좋게 느끼게 해주는 책도 좋다.

4단계: 목록을 작성하고 이 목록에서 우선순위 정하기.

5단계: 당신이 지금 할 수 있는 가장 중요한 일인 최우선 순위의 일에 착수해서 끝까지 해내기.

6단계: 자동차 안에서 오디오 프로그램 듣기. 1분 1분 이동하는 시간 모두를 활용해 학습 시간으로 삼으라. 나는 처음 이 방법을 시작했을 때 자동차에 카세트테이프 플레이어를 싣고 다녔다. 나중엔 CD 플레이어를 틀어놓고 운전했다. 요즘은 아이패드에 오디오 프로그램을 잔뜩 깔아놓고 운동하며 가지고 다닐 수도 있는 시대다.

7단계: 체험 후에는 매번 다음 2가지를 자문해보기. 내가 마법의 질문이라고 이름 붙인 이 질문은 당신을 부자로 만들어줄 것이다. ① 지난번의 방문이나 활동에서 내가 뭘 잘했더라? ② 다음번에는 뭘 다르게 해볼까?

간단히 말하면 '내가 뭘 잘했지? 뭘 다르게 해볼까?'를 묻는 것이다. 이 두 질문이 마법의 질문인 이유는 당신이 한 최선의 일과 미래에 할 최선의 일을 긍정적으로 생각할 수밖에 없도록 유도해주기 때문이다.

이 7단계의 효과는 대단했다. 나는 이 단계들을 매일같이 실행했는데 처음 7개월간은 별 차이가 감지되지 않았다. 그러다 어느 순간부터 수입이 차츰 올라가기 시작했다. 그렇게 1년쯤 실행하니 수입이 더 불어났다. 이후로도 계속 실행하자 5년이 채 되지 않아 소득이 10배로 뛰었다. 그래서 이후에도 날마다 실행했다. 5년이 지나자 수입이 10배 더 늘었다. 10년 후엔 총 100배나 늘었다.

그동안 나는 온갖 경제 사정에 처해 있는 전 세계 곳곳의 여러 사람에게 이 방법을 조언해주었는데 이들은 내가 제시한 예측이 너무 낮춰 잡은 것이라는 체험 소감을 밝혔다. 실제로 이들은 6~8년 후에 백만장자가 되거나 수입이 10배 늘었다.

어떤 경우든 목표를 설정할 때 마지막 단계는 날마다 뭔가를 수행하는 것이다. 여기에서도 자기 단련이 중요하다. 지금껏 나에게 이런 식으로 말하는 사람들이 한두 명이 아니었다. '저는 파산해서 알코올 의존증 환자가 되고 이혼까지 한 상황에서 선생님의 목표 설정 체계를 따라 해봤어요. 그리고 지금은 부자입니다. 사업체를 3곳 운영하며 38명의 직원을 두고 있죠. 제 평생 지금처럼 큰돈을 벌어본 적이 없어요. 선생님이 제 삶을 바꾸어주었어요. 선생님 덕분에 부자가 되었어요.'

내가 방금 설명한 이 체계의 단점은 뭘까? 없다. 단점이 하나도 없다. 나는 지금 효과가 있을 수도 있고 없을 수도 있는 성공 체계를 위해 많은 돈을 내놓으라고 요구하는 게 아니다. 나는 83개국의 수십만 명에 이르는 사람들 중 효과가 없었다고 말한 경우가 없었던 지식을 제시하면서, 당신의 시간 조금을 미래에 투자하라고 요구하는 것이다. 나는 편지나 이메일로든, 개인적 연락을 통해서든 '조언대로 해봤는데 효과가 없었어요'라는 말을 들어본 적이 없다. 내 조언을 따라 해본 사람들은 열이면 열 모두가 꿈같은 효과를 봤다고 말한다. '가능하리라고 생각한 것보다 더 크고 빠르게 성과를 이루었어요.'

어떤 남자는 새로 산 벤츠 자동차로 나를 공항까지 태워다줬다. 영업 일을 시작한 지 1년쯤 지났을 때 내 강의를 들은 사람이었다. 멋들어진 새집이나 경치 좋은 숲속의 저택을 구입해서 스키 휴양지로 여행을 다니는 사람들도 있다. 고급 레스토랑으로 밥을 먹으러 다니며 신나는 삶을 누리기도 한다.

이 체계를 가장 높이 평가하는 이들은 노동자 계층 출신이다. 평범한 집안에서 태어나 평범한 학교에 다니며 평범한 동네에 살다가 이제는 부자가 된 사람들. 이들의 성과를 보며 주변 사람들 모두가 우러르고 가족들도 존경심을 품는다. 이들은 눈을 찡긋하고 고개를 끄덕이며 이런다. '정말 간단한 일이었어요. 효과가 보장된 방법이었으니까요.'

목표를 세우고 성취하는 문제에 관한 한 내가 해줄 조언은 이것이다. 목표를 적어놓고 매일 그 목표를 위해 노력하면 그 결과에 놀랄 것이라고. 이 개념을 가르친 지 40년이 지나도록 실패 사례를 들어본 적이 없다.

내가 아는 어떤 사람은 대학 재학 중 화학 강의를 듣고 화학에 푹 빠졌다. 그는 목표를 세우며 그 내용을 이렇게 적었다. "나는 화학 분야에서 대단한 실력자가 되어 노벨상을 탄다."

그는 목표를 22살 때 세웠는데 42살 때 위대한 화학 이론을 세운 공로로 노벨상을 수상했다. 2명의 정상급 과학자와 공동으로 수상했다.

그는 나에게 이렇게 말했다. "단 한 번도 의문을 품지 않았어요. 언젠가 노벨상을 받을 거라는 생각을 늘 마음에 담고 있었어요. TV로 노벨상 수상식을 지켜보고 노벨상 수상자들에 대한 책도 읽었어요. 어느 해에는 휴가 때 노벨상이 수여되는 곳인 스톡홀름에 가기도 했죠. 온 마음을 다해 몰입하며 노력하고 또 노력했어요.

그러던 어느 날 돌파구를 맞이했어요. 다른 2명의 과학자도 각각 미국과 유럽에서 저와 같은 분야의 연구를 진행 중이라는 걸 알게 됐죠. 그래서 그분들에게 연락을 해서 만났어요. 우리는 서로의 아이디어를 모은 끝에 함께 노벨상을 수상하게 되었죠.

노벨상 수상 덕분에 지금은 세계 최고의 명문으로 손꼽

히는 대학에서 종신 교수 자리를 얻었어요. 수입은 꿈꿔왔던 것 이상이고 세계 최고의 수재들 속에서 지내며 전국에서 몰려든 명문가 출신 학생들을 가르치고 있어요. 이게 다 20년 동안 단 한 번의 의문도 없이 목표를 위해 노력한 덕분입니다."

명확한 목표와 계획을 세우면 반드시 결과를 얻는다. 목표와 계획이 명확하면 체계적이 될 수밖에 없다. 목표가 없으면 넓은 주차장에서 운전대 없이 차를 운전하는 것과 같다. 차는 그저 이리 갔다 저리 갔다 할 뿐이다. 목표 없는 삶도 이리저리 우왕좌왕한다. 끝까지 해내지 못하고, 중간에 그만두고, 인터넷을 이용하다가 한눈을 판다. 무슨 일만 생기면 중간에 쉽게 그만둔다. 목표가 없으면 그렇게 된다. 방향도 목적지도 없으니 그럴 수밖에 없다.

하지만 목적지가 있으면 계속 이렇게 마음을 다잡게 된다. '다시 일로 돌아가자. 다시 일로 돌아가자. 다시 일로 돌아가자.' 매일의 가장 중요한 일을 완수하는 방향의 활동에 몰두하게 된다.

이 모든 과정의 핵심은 믿음과 신뢰다. 전지전능한 누군가가 당신이 특정 목표를 성취할 테니 그저 믿고 매일 나아가라고 장담해준다고 상상하라.

내가 자주 언급하는 최정상급 사업가의 얘기를 들려주겠다. 그의 친구 아들이 영업 일을 하게 되었다. 친구 아들은 그 사업가와 약속을 잡고 만나러 갔다. 청년이 말했다. "저는 대학을 졸업하고 지금 영업 일을 하고 있습니다. 아버지가 이 약속을 주선해주셨어요. 혹시 제가 판매하는 상품의 잠재 고객을 찾도록 도와주실 수 있나요?"

"그런 부탁이라면 기꺼이 들어주지. 그런데 왜 나를 찾아온 건가?"

"평소 교류하시는 분이 많기 때문입니다. 그중 몇 분을 소개받을 수 있을 거라고 생각했습니다."

"그야 그렇지, 내가 인맥이 넓긴 하지. 목록을 뽑아주겠네." 사업가는 이렇게 말한 뒤에 밖으로 나가 비서에게 갔고, 잠시 후 비서가 이름, 주소, 전화번호를 타이핑한 목록을 가져왔다.

"잠재 고객으로 아주 유망한 10명이니 찾아가보게." 사업가가 말했다.

청년은 목록에 나온 10명을 찾아가 정말로 열정을 쏟으며 영업 활동을 했다. 그 도시에서 가장 유력한 사업가의 소개를 받아 경력을 쌓기 시작했다고 생각하니 정말 행복했다. 10건의 방문을 다녔고 5건을 성공시켰다. 청년은 그

다음 주에 사업가를 다시 찾아갔다.

"정말 감사해서 인사드리려고 찾아왔습니다. 도와주신 덕분에 첫 경력을 쌓았습니다. 같이 입사한 다른 직원들보다 실적이 앞섰습니다. 제가 다른 분들의 목록을 더 받아볼 수 있을까요?"

"당연히 되지. 잠깐만 기다리게."

사업가는 사무실을 나갔다가 그 도시의 전화번호부를 가지고 돌아왔다. "자, 받게. 업종별 전화번호부네. 이 분야의 기업들 700여 곳이 모두 실려 있어. 처음에 준 10개의 이름도 여기에서 뽑았으니까 이제는 자네가 직접 10개를 골라보게."

청년은 충격을 받았다. 자신감에 차서 영업한 이유는 목록에 적힌 인물들이 이 유력 사업가와 가까운 줄로 알았기 때문이었는데, 그게 아니었던 것이다.

자신이 지휘하는 팀을 슬럼프에서 구해낸 어느 야구 코치의 일화도 유명하다. 코치는 자신의 팀이 연패를 거듭하자 선수들에게 말했다. "내가 듣기론 이 도시에 마법사가 있다는데, 주문을 걸어줄 수 있다고 한다. 우리 팀의 슬럼프를 마법사가 깨줄 수 있을 거야. 각자 좋아하는 배트를 나에게 가져와봐. 내가 마법사에게 가서 배트에 축복을 빌

어달라고 부탁할 테니까."

선수들의 대답은 "좋아요"였다. 그만큼 모두들 슬럼프에 빠져 의기소침해 있었다.

코치는 10개인지 15개인지의 배트를 가져가서 오후 동안 자리를 비웠다. 그리고 그날 느지막이 돌아와 배트를 나눠주며 말했다. "마법사가 배트에 주문을 걸어줬다. 그 사람은 이 배트들이 내일 온종일 홈런 배트가 될 거라고 했다."

이튿날 선수들은 경기에 나가서 연달아 홈런을 쳐냈다. 믿을 수 없을 만큼 많은 홈런을 기록했다. 선수들은 이루 말할 수 없이 기뻐했다. 너무 기쁜 나머지 이런 말까지 터져 나왔다. "이거 끝내주는데. 이 배트를 가지고 다니면 리그에서 우승도 하겠어."

또 다른 선수는 코치에게 이렇게 말했다. "제가 어제 없었기 때문에 배트에 축복을 받지 못했어요. 제 배트도 축복을 받을 수 있을까요?"

코치는 이렇게 말했다. "이제는 사실을 말해줘야겠다. 마법사는 없었다. 저 배트를 내 차 안에 넣어뒀다가 다시 가져온 것뿐이었다. 마법은 여러분의 생각 속에 있었다. 그다음 날 홈런을 치게 될 것이라고 여긴 그 확신이 바로 마법이었다."

명심하라. 관건은 당신의 양쪽 귀 사이에 있다. 얼마나 확신을 갖느냐에 있다는 얘기다. 가장 신통한 자기암시는 바로 다음의 단순한 말이다. '난 할 수 있어. 난 할 수 있어. 난 내가 좋아. 그리고 난 할 수 있어.'

나는 영업 일을 할 때 자신만의 자기암시를 만들었고 수많은 영업직 사람들과도 공유했다. '나는 나를 좋아하고 내 일을 좋아해.' 당신이 현재 어떤 분야에 몸담고 있든 간에 아침에 일어나면 스스로에게 이렇게 말해보라. '나는 내 일을 좋아해. 나는 나를 좋아하고 내 일을 좋아해. 나는 내 일이 좋아. 나는 내 일이 좋아.'

일정 시기가 지났는데도 이런 말을 할 수 없다면 그 상황은 당신에게 뭔가 의미 있는 메시지를 암시한다고 볼 수 있다. 당신이 직업을 잘못 선택했다는 메시지일 수도 있다. 이때는 부디 메시지의 의미를 제대로 이해하기 바란다. 그 직업에 문제가 있다거나, 그 회사가 안 좋은 곳이라는 의미가 아니다. 당신의 상사나 취급 상품이나 다른 것들이 안 좋거나 문제가 있다는 의미도 아니다. 그저 당신에게 그 직업이 맞지 않는다는 의미일 뿐이다.

흔히들 잘생긴 왕자님을 만나려면 못난이 두꺼비 여러 명과 키스해야 한다고 얘기한다. 보통 이성교제를 할 때는 여러 명의 이성을 만나게 된다. 그중 일부는 잠깐 사귀게 되고, 아예 사귀지 않는 경우도 있다. 하지만 상대와의 관계가 좋게 이어지지 않는다면 그 이유는 상대에게 어떤 문제가 있어서가 아니다. 서로 잘 맞지 않아서일 뿐 다른 이유는 없다.

과거에 누군가와 순탄치 않은 관계를 맺은 기억 때문에 몇 년이 지나도록 속상해하는 사람들이 놀라울 정도로 많다. 개인적인 문제가 있어서 그랬던 게 아니다. 잘 풀리는 관계도 있고, 잘 풀리지 않는 관계도 있다. 당신이 직장에 다니고 있는데 그 직업이나 회사가 싫다고 해서 그곳이 안좋은 회사라고 단정할 수는 없다. 회사나 사람을 헐뜯어서는 안 된다. 이런 종류의 일은 그냥 그렇게 된 것이기 때문이다. '그냥 그렇게 된 것이다'라는 말이야말로 가장 효과 있는 말 중 하나다. 궁합이 맞지 않았던 것이다.

최고의 시간 관리 체계

몇 년 전까지만 해도 사람들은 시간 관리 수단을 따로 가지고 다녔다. 예를 들어 다이어리를 들고 다녔다. 현재는 디지털 앱과 여러 프로그램이 등장한 덕분에 사람들이 보다 효율적으로 일정을 관리할 수 있게 되었다.

시간 관리에 대한 나의 경험담을 들려주겠다. 수년 전에 나는 시간 관리를 주제로 오디오 북을 제작해달라는 부탁을 받았다. 나는 먼저 그 주제와 관련된 책과 기사들을 읽어봤다. 미국에서 일일 코스의 시간 관리 세미나를 열고 있는 대표적 기업 4곳도 찾았는데 모두 시간 관리 플래너 작성과 병행해 가르치고 있었다. 구체적으로 지도하는 내용은 시간을 체계화하는 방법, 목표 설정 방법, 더 많은 일을 처리하는 방법, 하루 계획을 짜는 방법 등이었다.

나는 이 체계를 배워보려고 4곳의 도시 모두를 돌아다녔다. 토론토, 뉴욕, 덴버, 로스앤젤레스였다. 이곳들을 돌며 각 세미나마다 꼬박 하루를 할애하고 그 내용을 꼼꼼히 메모했다. 전국 각지뿐만 아니라 덴마크에도 편지를 보내 그곳의 시간 관리 수단을 보내달라고 부탁하기도 했다. 사람 좋은 덴마크인 친구는 시간 관리 수단을 주문해 번역까지 해주었다. 당시 유럽에서 가장 인기 있는 시간 관리 수단이었다.

나는 그 모두를 정리해 적으며 구성 체계를 파악하고 나름대로 시간 관리 체계를 만들었다. 컴퓨터가 나왔을 때는 내가 찾아낼 수 있는 모든 플래너 프로그램을 구입해 사용해봤다. 그런데 이 프로그램들을 꾸준히 따르도록 나 자신을 단련시킬 수가 없었다.

당시 경제 전문지 《잉크Inc.》에서 한 가지 조사를 했다. 고속으로 성장하는 기업들의 기업가와 사장 50명을 인터뷰하면서 가장 좋아하는 시간 관리 체계가 뭔지 물어보는 조사였다. 그랬더니 한 명의 예외도 없이 모두가 평범한 노트 메모장을 꼽았다. 여기에 하루 동안 할 일들을 적는 시간 관리 체계를 가장 좋아한다고 답한 것이었다. 우선적으로 처리해야 할 일의 순서대로 정리한다고도 했다. "한 달 동안 다른 도시로 출장 가기 전에 오늘 한 가지 일만 할 수 있다면 무엇을 확실히 마무리하고 싶은지 생각합니다. 그다음 그 최우선 순위의 일을 실행하죠. 이 습관이 제가 아주 잘 나가는 회사의 사장이 된 일등공신이었어요." 최고의 시간 관리 체계는 여전히 종이와 펜인 모양이다.

대체로 계획 세우기에 들이는 시간 1분당 실행 시간 10분이 절약된다. 하루를 시작하면서 목록을 만들고 정리하는 데는 10~12분 정도가 걸린다. 되도록 전날 밤에 목록을 작성해서 잠재의식적 사고가 밤새 그 목록을 처리하도록 하는 편이 훨씬 낫다. 그러면 아침에 잠에서 깼을 때 삶을 변화시키고 당신을 부자로 만들어줄 만한 획기적 아이디어가 떠오르기도 할 것이다.

전날 밤에 목록을 짜서 우선순위를 정하라. 다음 날 아침에는 이미 실행하기로 마음먹은 1순위의 목표에 착수하라. 보통 목록 작성은 12분 정도 걸리는데 2시간 정도의 시간을 절약해줄 것이다. 그 2시간을 가장 중요한 일에 활용하면 생산성은 갈수록 높아지고 소득도 갈수록 높아지게 되어 있다. 점점 더 많은 기회를 얻을 테고, 사고가 점점 더 예리해지면서 목표를 달성하는 데만 그치지 않고 부자가 되기도 할 것이다.

지금 당장 시작하라

이제 행동 단계에 관해 언급하려 한다. 몇 년 전 기업가 코칭 프로그램을 진행했다. 1년에 4회씩 30명 혹은 40명의 기업가를 모집해 샌디에이고에서 꼬박 하루 동안 진행하는 프로그램이었다. 나는 프로그램 참가자들에게 한 가지 장담을 했다. 여기에서 일일 수행 방식으로 훈련받은 내용을 그대로 따르고 나와 함께하며 세운 계획을 실행하면 수입도 휴식 시간도 2배로 늘어날 것이라고. 내 장담대로 되지 않는다면 리스크 리버설에 따라 프로그램 참가비를 받지 않겠다고 했다. 참가비 전액을 환불해주겠다는 얘기였다.

이 프로그램을 7년 동안 진행했는데 매년 대략 네다섯

그룹의 기업가들이 프로그램을 이수했다. 7년이 지나면서 다른 일들로 너무 바빠져서 프로그램을 닫게 되었지만 환불 요구는 단 1건도 없었다.

사람들은 짧으면 7일 만에 수입을 2배와 3배로 늘렸다. 몇몇 사람은 그다음 주에 7일이 다 지나기도 전에 수입을 2배로 늘리기도 했다. 모두가 수입이 2배 늘었다. 일부는 수입뿐 아니라 가족과 보내는 시간도 이전의 어느 때보다 많아졌다.

프로그램의 첫 회를 시작할 때면 나는 스프링 노트를 나눠줬다. 학교에서 쓰는 것과 비슷한 노트를 수강생 모두에게 나눠주며 이렇게 말했다. "여러분의 새로운 절친을 소개합니다. 이 노트를 드리는 이유는 환불해야 할 일이 생기지 않길 바라기 때문입니다. 이 스프링 노트를 활용하면 수입과 휴식 시간이 2배 이상 늘어날 테니 환불을 요구할 일은 없을 거라고 장담합니다."

오전 강좌에서는 노트를 꺼내놓고 앞으로 12개월 동안 성취하고 싶은 목표 10개를 적어보도록 지도했다.

지금 당신도 해보길 권한다. 새 노트를 편 다음 성취하고 싶은 목표 10개를 적으라. 다음의 예처럼 현재 시제로 쓰라. '올해 12월 31일까지 얼마의 돈을 번다. 올해 어느 어느 날까지 몸무게를 ○○킬로그램으로 만든다. 어디어디로 여행을 가거나 이러이러한 상품을 출시하거나 어떠어떠한 사업을 시작한다.' 뭐든 당신의 목표를 쓰면 된다. 사업상의 목표, 금전상의 목표, 건강에 관한 목표, 가족과 관련된 목표 등등 뭐든 좋다.

목표 10개를 적으며 이미 성취한 목표인 것처럼 현재 시제로 쓰라. 잠재의식적 사고는 현재 시제로 쓰이지 않은 목표에는 집중할 수 없으니 이미 그렇게 되어 다른 누군가에게 그 얘길 하고 있는 것처럼 현재 시제로 쓰라. '난 1년에 100만 달러를 벌어. 나는 이번 해의 수입이 작년보다 2배 많아. 나는 5년 전보다 10배를 더 벌어.' 이런 식으로 쓰면 된다.

목표는 12개월 내에 이룰 일들로 한정하라. 이런 목표가 동기를 훨씬 크게 유발하고 호소력도 훨씬 강하다. 그런 다음 매일 아침 하루를 시작하면서 이렇게 자문하라. '오늘 한 가지 일만 완수할 수 있다면 어떤 일이 좋을까? 용건이 생겨 한 달 동안 다른 도시로 나가기 전에 한 가지 일을 마쳐야 한다면 어떤 일이 좋을까?'

다음엔 그날 계획해둔 활동 목록을 다시 보라. 당신이 고른 활동에 동그라미를 쳐라. 이후 그 활동을 실행하라. 집에 화재가 나서 불길이 당신에게까지 번지기 전에 그 일을 마쳐야 하는 상황인 것처럼 혼신의 노력을 다하라.

그 목표를 글로 적으라. 가장 중요한 그 일을 끝마칠 때까지 노력을 멈추지 말고 다른 일에 한눈팔지도 마라. 친구와 잡담을 나누지도 마라. 누가 와서 '어이 친구, 잠깐 얘기 좀 할까?'라고 물으면 이렇게 대답하라. '좋지. 그런데 얘기는 일 끝나고 해야겠다. 지금은 이 일을 마쳐야 해서. 꼭 마쳐야 하는 일이야. 오늘 해야 하는데 늦어지고 있어.'

그러면 아무도 당신을 방해하지 않을 것이다. 당신이 마쳐야 할 일이 있다고 말하면 바로 자리를 피해줄 것이다. 다시 오면 또다시 말하면 된다. '아직 일을 끝내지 못했어. 이 일을 마쳐야 해.' 방금 말했듯이, 그렇게 말하자마자 상대는 당신을 더는 방해하지 않을 것이다.

다음의 3가지를 실천하라. ① 매일 아침 당신의 목표 10개를 스프링 노트에 현재 시제로 적으라. ② 하루의 계획을 짜고 1순위로 해야 할 일을 고른 다음 ③ 당장 실행에 착수하라.

이 과정을 가르치던 초기의 일화가 기억난다. 내 프로그램을 수강하던 어떤 남자가 예전에 경험한 다른 코칭 프로그램 얘기를 했다. 1년에 2만 5000달러를 지불하며 3년간 지도받았다고 한다. 그런데 이 10개의 목표 목록 적기 방법을 통해 한 달 내에 이룬 성취가 그 프로그램에 3년간 7만 5000달러를 쓰며 이룬 성취보다 더 높았다며 믿기지 않는다고 감탄했다. 거의 하룻밤 사이에 자신의 삶과 사업을 비롯한 모든 것이 변화했다면서.

그렇다면 방법이 효과가 있을까? 효과가 있다. 효과를 못 봤다고 말한 사람이 지금껏 없었으니 이제 당신에게 던질 질문은 이것뿐이다. 당신도 시도해보겠는가? 착수해서 꿋꿋이 나아가며 완수할 때까지 자기 단련을 하겠는가?

CHAPTER 4

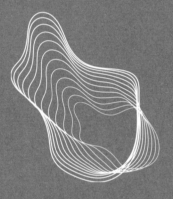

목적지를 향한
우선순위

○

●

　　　　　체계성은 습관의 문제인데, 모든 습관
은 배워서 익힐 수 있다. 자신을 체계적이지 못한 사람이라
고 여기는 것은 그저 책임 회피를 위한 변명일 뿐이다. 사
실이 아니다.

　체계성이 없다는 것은 언제나 체계성 있는 사람들 밑에
서 일해야 한다는 의미가 된다. 당신이 체계성이 없거나 목
표를 향해 한 걸음 한 걸음씩 나아가지 않는 사람이라면 언
제나 당신을 단속하며 끊임없이 잔소리하는 다른 누군가의
밑에서 일해야 한다.

　체계성이 없는 천재도 몇 명쯤 있긴 하다. 실제로 리처드
브랜슨Richard Branson(버진그룹의 창업자이자 회장-옮긴이) 같은 인물
의 사례에 집착하는 사람들이 많다. 이들은, 200개의 사업

체를 거느렸지만 난독증이 있는 브랜슨도 체계성이 없는 사람이라고 으레 강조한다. 물론 브랜슨이 글을 잘 못 읽거나 문장을 쓰지 못할지는 모르지만, 그가 자신의 삶을 어떻게 꾸려가는지도 살펴봐야 한다. 그는 자신의 약점이 뭔지 잘 안다. 체계적인 사람은 아니더라도 좋은 사업거리를 알아보는 감이 있고 사람과 시장과 경쟁의 생리도 잘 안다. 또 좋은 사업거리를 감지해낼 때까지 새로운 사업 기회를 탐색하고, 그것을 포착하면 해당 분야에서 최고의 실력자가 누구인지 수소문해본다. 이 최고의 실력자는 다른 회사 혹은 버진 에어나 버진 레코드 같은 사업체와 동종 업체의 고위 임원일 수도 있다. 그다음에는 그 실력자를 찾아가 말한다. '제가 이 분야에서 사업을 시작하려고 생각 중입니다. 저와 함께 일하며 그 일을 도와주실 의향이 있나요?'

그 상대는 흔히 이렇게 되묻는다. '그러면 저에게 돌아오는 건 뭔가요?'

'이 회사의 설립을 도와준다면 성과를 나눠주겠소. 나는 착수 자금을 대주고 당신은 사업이 잘 진행되도록 경험과 지력을 제공해주면 됩니다. 어떤가요?'

'좋습니다.'

체계성은 곧 치밀함이지만 리처드 브랜슨에게는 없는 면

이다. 브랜슨은 체계성이 자신의 장점이 아니라는 것을 인정하며 체계성을 발휘해줄 다른 사람을 고용한다. 브랜슨의 기술은 체계화가 아니라 체계화에 능한 사람을 찾는 것이다.

당신이 리처드 브랜슨이 아니라면 체계성을 갖추어야 한다. 믿기 힘들겠지만 체계성은 학습할 수 있는 기술이므로 배워서 익힐 수 있고, 당신이 간절히 원한다면 뛰어난 능력도 키울 수 있다.

그 증거를 대보겠다. 군대에서는 신병에게 가장 먼저 행진, 복장, 군사훈련, 아침 기상에 대한 요령을 가르친다. 아침 기상 얘기가 나왔으니 말이지만 『침대부터 정리하라^{Make Your Bed}』라는 유명한 책이 있다. 해마다 졸업 시즌이 되면 주요 대학에서 베스트셀러 목록에 오르는 책이다.

어느 성공한 장군이 '침대부터 정리하라'라는 제목으로 졸업식 축사를 했다. 장군은 군대, 특히 장교단에서는 기상하면 자리에서 일어나 바로 침대를 정리한다며 다음과 같은 말을 이어갔다. '장교들은 침대 이불을 아주 팽팽히 당겨 동전을 떨어뜨리면 튀어 오를 정도로 반듯하게 편다. 그 다음엔 옷을 갈아입는다. 샤워와 면도를 한 후 꼼꼼히 신경 쓰며 옷을 갖춰 입고 넥타이를 매고 구두를 닦아 일류 장교의 복장을 갖추고 하루를 시작한다. 하루도 거르지 않고 매일매일 이렇게 한다. 장교 훈련을 받는 첫 6개월 동안 이런 일과를 따르며 기상하면 침대부터 정리하고, 침대에 동전을 떨어뜨려 튀어 오르게 한다.'

장군이 말했듯이 매일 아침 가장 먼저 하나의 임무를 마치고 나면 당신의 몸과 마음은 하루 동안 업무 완수 모드로 전환될 것이다. 스스로 업무 완수 모드로 조율되고 활성화되는 것이다. 아침에 하나의 임무부터 먼저 마치는 습관을 들이면 하루 종일 여러 가지 임무를 완수하게 된다.

명심하라. 임무 완수는 삶의 성공을 열어주는 열쇠이며, 소소한 임무만 완수해도 일명 행복감을 주는 천연 마약인 엔도르핀이 분비된다. 엔도르핀이 흥분을 일으키면 행복을 느끼고 기운이 샘솟는다. 자존감과 자신감이 높아지고 승자가 된 기분이 든다.

앞에서도 얘기했다시피 나는 잠에서 깨면 바로 운동을 한다. 운동하면 기운이 솟고 심장박동이 올라간다. 산소가 풍부해진 혈액이 뇌로 마구 흘러들어 하루 종일 더 명민하게 활동하게 해준다. 그리고 뇌로 혈액이 마구 흘러들면 다시 엔도르핀이 분출된다. 그러면 더 많은 일을 하고픈 의욕이 솟는다.

당신에게 가장 중요한 일부터 먼저 시작해서 완수할 때까지 노력을 이어가라. 밤에는 다음 날 해야 할 일을 적으라. '미리 적극적으로 계획을 짜두면 형편없는 성과를 낼 일이 없다'는 말도 있다. 할 일을 완수하기 위해 필요한 모든 것을 정리해서 시작하기 전에 만반의 준비를 갖추라. 필요한 요소를 챙겨놓으면 동기가 제대로 유발된다. 그런 다음 일을 시작해서 완수할 때까지 자기 단련을 하며 끈기를 발휘하라. 날마다 모든 임무를 이런 식으로 이행하라.

앞에서도 말했다시피 실행할 단계를 목록으로 만들어야 한다. 임무에 대한 체크리스트를 짜고 어떤 식으로 이행할지 구상해야 한다. 체크리스트는 조리법과 흡사하다. 음식을 만들 경우 일정 조리법을 선택하고 요리사가 설명한 방법을 그대로 따라 하면 전문 요리사가 만든 음식의 80퍼센트 정도의 맛은 내기 마련이다.

나는 샐러드 중에서 시저 샐러드를 가장 좋아한다. 한때는 시저 샐러드 맛이 끝내주는 레스토랑의 단골손님이었다. 웨이터가 식탁 바로 옆에서 큼지막한 샐러드볼과 재료로 샐러드를 직접 섞어서 내주는 곳이었는데 언제나 맛이 훌륭했다.

어느 날 나는 이렇게 혼잣말을 했다. '이 사람은 천재도 아니고 그냥 웨이터일 뿐인데도 우리가 올 때마다 맛이 기막힌 시저 샐러드를 만들어주잖아. 나도 만드는 요령을 배워봐야겠어.' 그 뒤로 오랫동안 요리책을 여러 권 사 보고 어머니의 요리법도 모방했다. 샐러드볼과 모든 재료를 사 놓고 연습에 연습을 거듭했다. 덕분에 이제는 세상 최고로 꼽기에 손색이 없을 만한 시저 샐러드를 만들 줄 안다. 나의 시저 샐러드, 그러니까 '브라이언 트레이시의 시저 샐러드' 요리법은 내 웹사이트 briantracy.com에서 무료로 볼 수 있다. 집에서 이 요리법으로 시저 샐러드를 만들어주면 가족 누구라도 뽕 가게 되어 있다. 지금껏 맛본 최고의 시저 샐러드라며 감탄한다. 처음에는 나도 시저 샐러드를 아예 만들 줄도 몰랐다. 한때는 이건 로메인 상추고, 이건 크루통이라는 말만 할 줄 알았지 다른 재료들은 제대로 분간하지도 못했다. 그랬던 나도 이제는 시저 샐러드를 만들 수 있다.

여기서 말하고 싶은 것은 당신이 갈고닦고 싶은 기술이 무엇이든 그저 연습하고, 그 일을 아주 잘하겠다는 절대적 확신을 가진다면 충분히 습득할 수 있다는 점이다.

수년 전 한 대형 출판사로부터 도서 집필 제안을 받았는데 당시엔 타자를 잘 못 쳤다. 독수리 타법 수준이라 1분에 5~8타를 간신히 쳤다. 논픽션 도서의 통상적 분량인 6만자 정도를 분당 5~8개씩의 속도로 치다간 수개월이 걸릴 판이었다. 나는 아무래도 타자 잘 치는 요령을 익혀야겠다고 생각했다.

그래서 10~15분 길이의 수업들로 구성된 타자 연습 프로그램을 구입했다. '메이비스 비컨 티치스 타이핑 Mavis Beacon Teaches Typing'이라는 프로그램이었다. 몇 년 동안 사람들에게 이 프로그램 얘기를 하고 다녔는데 그 얘길 꺼내면 덕분에 독수리 타법에서 벗어나 타자를 자유자재로 칠 수 있게 되었다며 다들 호평했다. 정말로 90일 이내에 분당 60~80타를 칠 수 있게 된다. 키를 안 보고도 타자를 칠 수 있어서 키보드를 볼 일도 없어진다.

나는 지금까지 87권의 책을 집필했고 앞으로 3, 4권을 더 써낼 예정이다. 세계 최대 규모의 출판사들을 비롯해 여러 출판사가 내가 그동안 쓴 책들을 만족스러워하면서 기꺼이 새 책을 출간하고 싶어 한다. 이렇게 책을 많이 낸 나도 한 때는 타자로 한 쪽도 제대로 치지 못했다.

당신도 배워야 할 게 있다면 무엇이든 배울 수 있다. 사람에 따라 특정 기술에 타고난 재능을 지닌 이들도 있고, 남들보다 시간이 오래 걸리는 이들도 있지만 누구든 배울 수 있다.

오래전 내가 앞에서 언급한 사장 밑에서 일하게 된 계기는, 우연의 일치가 겹쳐서 그 사장이 내가 일하는 모습을 보게 되었기 때문이다. 나는 그후 몇 건의 부동산 개발 사업을 맡게 되었다. 처음에 사장은 나에게 규모가 8억 5000만 달러인 자기 회사에서 개인 비서를 맡아달라고 제안했다. 당시 나는 30대 초반이었고 미혼이었다. 아직 앞길이 창창한 젊은 나이였다. 그래서 그 제안을 받아들였고 만족스럽게 일했다.

　사장은 혹사 수준으로 일을 시켰다. 내가 많은 일을 처리해주길 바랐다. 말은 별로 하지 않았지만 일거리는 잔뜩 줬다. 나는 모든 일을 신속하고 훌륭하게 해냈다. 그 결과 내 평생의 삶이 바뀌었다. 일을 신속하고 훌륭하게 해낼 기회를 얻으면서 체계성 있는 사람이라는 평판을 쌓은 덕분에 내 삶은 이전과는 달라졌다. 사장도 다른 사람들도 일하는 내 모습을 유심히 지켜봤다. 사장이 지켜본 이유는 내가 잘해내길 원해서였고, 다른 고위 임원들이 지켜본 이유는 내가 잘해내지 못하길 원해서였다.

　체계성을 갖추는 일은 처음엔 힘들지만 하다 보면 습관으로 배어 쉬워진다. 자동차 운전이나 자전거 타기나 타자치기와 비슷하다. 한번 익히면 평생 간다.

기준을 세워 하나씩 완수해나간다

몇 년 전 한 대형 출판사의 소유주가 책을 써줄 수 있느냐고 부탁했다. 나는 원고를 써서 그에게 보내줬다. '수입도 휴식 시간도 2배로 늘려라'라는 제목의 책이었다. 그다음 주에 소유주가 다시 연락해서 이렇게 말했다. "정말 기가 막힌 착상입니다. 선생님이 여기에서 제시하는 이점은 누구나 원할 만해요. 다만 확 끄는 매력이 약해요. 도발적인 매력이 없어요. 그런데 원고에 마크 트웨인에 대해 얘기한 대목이 있더군요."

마크 트웨인은 유명한 단편 소설 「뜀뛰는 개구리The Celebrated Jumping Frog of Calaveras County」에서 개구리를 비유로 활용한 바 있다. 아침에 일어나서 가장 먼저 하는 일이 살아 있는 개구리 먹기라면 설마 그날 하루 동안 더 나쁜 일이 생기겠냐는 생각에 즐거워질 것이라는 얘기였다. 나는 이 소설을 어릴 때 읽었다.

출판사 소유주는 말을 이었다. "이 책의 규칙은 2개의 추론을 내세우고 있어요. 첫 번째는 먹어야 할 개구리가 2마리 있다면 더 징그러운 개구리부터 먹으라는 것이고, 두 번째는 어쨌든 개구리를 먹어야 한다면 가만히 앉아서 쳐다보고 있어봐야 도움이 되지 않는다는 것이죠." 다시 말해

후딱 해치워버리라는 얘기다.

그 내용은 원고 15장에 들어 있었다. 그는 "이 장이 정말 마음에 들어요"라며 뒷말을 이어갔다. "이 장의 내용을 토대로 책의 제목을 뽑고 책 전반에서 시간 관리를 다루는 다른 장들에 적용하면서 개구리 먹기를 가장 유용하고 중요한 일로 삼으면 흥미로운 접근법이 되지 않을까요? 최근에 동물을 내세운 책이 2, 3권 나왔잖아요. 『누가 내 치즈를 옮겼을까? Who Moved My Cheese?』나 『펄떡이는 물고기처럼 Fish』말이에요. 제 생각엔 반응이 좋을 것 같은데요."

그래서 나는 원고를 손봐서 다시 보내주었다. "좋습니다. 바로 이겁니다." 출판사는 이런 반응을 보이며 책을 출간했다. 그 책이 바로 『개구리를 먹어라』다. 나는 지금껏 발견한 최고의 시간 관리 아이디어 21가지를 이 책에 담았다. 21가지 비결 하나하나를 2, 3쪽 정도로 설명하여 총 110쪽 정도 분량이다.

이 책은 출간 즉시 큰 인기를 얻었다. 《뉴욕 타임스》 베스트셀러에도 올랐고 여러 외국어로 번역 출간되어 현재까지 수백만 부가 팔렸다. 전 세계의 여러 국가에서 최장 2, 3년간 베스트셀러 자리를 지키기도 했다.

책 구입을 권유하려고 이 얘기를 꺼낸 건 아니다. 단지

이 책이 체계성을 갖추는 방법을 체계화해준다는 점을 전하려는 것뿐이다. 실제로 지금까지 셀 수 없이 많은 사람이 이 책을 통해 변화했다. 기업들은 1000부를 구매하는가 하면 직원들에게 이 책의 원칙을 지도하는 프로그램을 만들기도 하면서 자신들을 변화시켰다. 가장 중요한 임무를 고르고 행동에 착수해 끝까지 완수하는 이 간단한 원칙을 통해 부자가 된 사람들도 있다. 정말 간단한 원칙이어서 수행하다 보면 금세 습관이 된다. 매일 아침 일어나면 침대부터 정리하는 식으로 시작해도 된다. 가장 중요한 임무를 시작해서 끝까지 완수하다 보면 어느새 습관으로 배서 어서 빨리 하루를 시작하고 싶어 못 견딜 지경이 된다.

체계성을 갖추는 데 유용한 방법이 또 있다. 나는 언제나 목록을 활용해 일한다. 내 업무들은 특성에 따라 2, 3시간쯤 걸리기도 하고 비교적 짧게 걸리기도 한다. 예를 들어 아내가 7시 10분 전에 내 작업실로 들어와 저녁 먹을 시간이라고 알려준다면 나는 10분 사이에 한 가지 일을 끝내려고 목록을 훑어보며 10분짜리 업무를 찾아본 후 전력을 다해 열중해서 9분이나 10분 사이에 마친다. 그러고 나서 불을 *끄고* 작업실 문을 닫고 나오면 그날 저녁 내내 기분이 정말 좋다.

헨리 포드는 한때 파산을 해서 차고에서 일하는 신세가 되었지만 결국 어마어마한 갑부가 되었다. 포드도 어떤 일이든 작은 단위로 나누면 끝까지 해낼 수 있다고 했다. 작은 단위로 나누어 하나씩 해나가라. 그러면 자신감이 생긴다. 자존감도 높아지고 기운이 솟는다. 기분이 좋아지고, 다음 단계로 나가도록 뒤에서 누군가 밀어주는 것처럼 의욕이 솟는다.

모든 것을 철저히 계획한다

개인적 체계성을 갖추기 위한 관건은 모든 것을 미리 계획해두는 것이다. 여기에서 말하는 계획 세우기가 정확히 무엇일까? 이런 철저한 계획이 실용적일까? 삶의 모든 일을 미리 계획할 수 있는가? 이 규칙은 중요한 목표에만 적용되는가?

커피를 마시기 위해 스타벅스에 들른다면 미리 계획할 것은 몇 가지뿐이다. 주차할 자리를 찾아야 한다거나, 매장에 들어가서 줄을 서야 한다거나, 매장 안에서 마실지 테이크아웃해 갈지를 결정한다거나, 경우에 따라 다른 누군가에게도 사다줄지 말지를 정하는 사항 정도다. 말이 나와서 말이지만 누구나 스타벅스에서 커피를 산 후 사무실로 돌아갈 때면 난감해진다. 다른 사람이 '왜 내 커피는 안 사 왔어? 나도 커피 마시는 줄 알면서'라고 말하면 어쩌나 해서다.

어떤 계획은 상황에 따라 이렇게 사소한 몇몇 문제들과 엮이게 된다. 그러니 질문을 던지면서 확실하게 만반의 준비를 하라.

당연한 얘기지만 계획 짜기는 당신의 삶에 큰 변화를 가져다줄 일에서 가장 중요한 요소다. 신기하게도 계획을 세우기 위해 곰곰이 생각하는 시간이 많을수록 일을 시작할 때 자신감이 더 붙는다. 또 활력이 더 솟고 집중력이 더 높아지는 등등 여러 면에서 좋다.

언제나 계획 짤 시간을 내라. 뛰어난 장성들은 전투를 계획할 때 다른 장군들과 고위 장교들을 부른다. 다 같이 모여서 거듭거듭 계획을 검토한다. 계획에 일조하도록 모두에게 요구한다. 그래서 그 계획을 실행하면 놀라운 성과를 낸다.

예전에 나는 걸프전을 통솔한 장군, 노먼 슈워츠코프^{Norman Schwarzkopf}를 연구한 적이 있다. 당시 그는 22개국의 군대로 구성된 다국적군 30만 명을 지휘했다. 나는 그의 활동을 연구하며 그의 업적과 성과를 실감했다.

슈워츠코프 장군이 밝힌 바에 따르면 이라크군을 섬멸

한 '사막의 폭풍' 작전은 구상하는 데 6개월이라는 시간이 할애되었다. 6개월에 걸쳐 복잡한 사항들을 세심히 계획한 이후에야 공격을 개시했다는 얘기다. 공격을 개시한 후에는 104시간 만에 세계에서 세 번째 규모의 군대를 격파했다. 이라크군은 완전히 섬멸되었고 전쟁은 종식되었다. 최소한의 사상자를 내면서 단기간에 승리를 이끌어낸 이 작전은 단연코 역사상 최고의 사례 중 하나다. 슈워츠코프 장군은 계획을 수립한 덕분에 승리했다고 말했다.

방향을 정하는 질문

하나의 활동에 얼마나 많은 계획을 세워야 할까? 나는 오랫동안 전문 강사로서 83개국을 다니며 5000회 이상의 강연을 했다. 대부분 전화로 회의하며 강연 일정과 관련 사항을 조정한다. 전화 회의는 본질적으로 오디션이나 다름없다. 상대방은 이런 식으로 말한다. '오셔서 수많은 청중 앞에서 강연해주시면 강연료는 후하게 드리겠습니다', '적절하게 결정하기 위해 확인하는 차원에서 몇 가지 질문을 검토해보죠.'

수년 전에 나는 이런 이야기를 나눌 때 보기 위해 질문표를 만들었다. 강연에서 다룰 내용과 상대측에서 원하는 강연의 방향을 확실히 짚고 넘어가기 위한 질문들을 작성했다.

질문표로 확인을 하면 해당 업체의 웹사이트에서 홍보책자와 재무제표를 구해서 살펴본다. 이렇게 자료를 모아 자세히 조사하면 전화기를 들 때쯤에는 그 회사에 대해 잘 알게 된다. 사업을 시작한 지 얼마나 됐고, 주요 상품과 서비스가 무엇이고, 사업이 얼마나 잘되고 있는지 등 회사 상황에 훤해진다.

한번은 직원 수가 4만 명이고 500억 달러 규모의 예산을 운용하는 회사에서 며칠 동안 강연할 수 있는 기회가 생겼다. 그 회사의 전년도 자료를 참고 자료로 받아 강연을 따내기 위한 기초 대화를 준비하는 데 16시간이나 걸렸다.

조사를 마치자 "세상에나, 맙소사!"라는 말이 터져 나왔다. 토요일 오전 8시경부터 시작해 글을 쓰고, 재검토하고, 메모도 했다. 일을 마치니 파일 몇 개와 쪽수가 꽤 많은 글이 나왔다.

이후 강연에 지원하기 위해 이사회 앞에서 발표하자 그들은 감탄했다. "세상에나, 맙소사! 저희 회사 사정에 정말 훤하시네요. 저희 회사의 운용 방식, 핵심 인물, 취급 상품, 공략 시장까지 훤히 꿰고 계세요." 사장은 "결정했습니다. 선생님께 강연을 맡기겠습니다"라고 말하더니 편하게 뒤로 기대앉았다.

기초 정보를 이미 얼마나 갖고 있느냐도 결정적인 요소로 작용한다. 특정 업계의 기업들과 일하게 되면 초반에 해당 업계를 제대로 이해하기 위해 면밀히 조사해야 하는 경우가 많았다. 이제는 10분, 15분 정도 조사하면 충분한데, 이전 조사들이 밑거름이 되어 그 업계를 훤히 꿰고 있는 덕분이다. 기업들이 나에게 강연을 맡기는 이유는 내가 자신들의 업계를 제대로 이해하고 있다는 사실을 감지했기 때문이다.

앞서 말한 예와 같은 기회를 잃을 위기에 놓인다면 많은 시간을 투자할 각오를 하라. 그 기회가 정말로 중요하다면 시간을 들여라. 미리 대가를 치르라.

모든 일은 정리정돈이 시작이다

정리정돈도 중요한 요소다. 작업 공간을 깔끔하게 정리정돈해서 일에 필요한 물건들만 남기고 모두 치우면 일을 더 잘하게 된다. 실수가 크게 줄고 시간은 적게 걸리므로 효율이 높아진다.

그러니 가장 먼저 할 일은 '일할 준비'를 마치는 것이다. 작업 공간부터 정리하라. 필요 없는 물건은 모조리 치워라.

책상 위의 모든 물건을 눈에 보이지 않는 뒤쪽 바닥에 놓아야 하는 상황이더라도 책상을 치워서 머리와 눈을 어지럽히지 않게 하라. 정리된 책상을 응시하며 한 가지 일에만 몰두하라.

글을 쓰고 싶어 하지만 주변 정리정돈이 되지 않아서 제대로 진전시키지 못하는 이들이 알고 보면 놀라울 정도로 많다. 이들은 물건들을 이리저리 늘어놓아 작업 환경이 어수선하다. 어수선한 작업 환경은 머리를 피곤하게 한다. 딴 데 한눈을 팔게 되므로 결국 피곤해진다. 자꾸만 이것저것 집어 들었다 내려놓았다 하게 된다. 그러다 보면 어느새 시간은 훌쩍 지나버리고 아무것도 못 한다.

침대 정리하는 일과 비슷하다. 자신을 단련해서 우선은 작업 환경을 정돈하여 일하는 데 필요한 물건들만 눈앞에 둬야 한다.

이때 활용할 만한 기막힌 비결이 하나 있다. 뒤로 한 걸음 물러나 작업 환경을 살펴보는 방법이다. 한 걸음 물러서라. 당신의 책상을 보라. 당신이 일하는 곳을 보라. 책상에 놓인 서류가방을 바라보며 자문해보라. '저런 책상에서 일하는 사람은 대체 어떤 사람일까? 나도 그동안 정말로 바쁘게 살면서 여러 가지 일들을 해왔지만, 저 책상은 방금

수류탄이라도 맞은 것처럼 엉망이잖아. 어떤 사람이 저런 책상에서 일하고 싶어 할까?'

크게 성공한 어느 기업가의 회고록을 읽은 적이 있다. 자신과 남들을 위해 수백만 달러의 부를 일궈낸 이 기업가의 회사는 책상 정리를 업무 원칙으로 삼고 있었다. "저희는 매일 퇴근할 때 책상 위에 펜 하나도 놓여 있지 않게 정리해야 합니다. 그래서 매일 아침 얼룩 한 점 없는 책상에서 일을 시작할 수 있죠." 이 기업가가 정리를 가장 중요한 사업 원칙으로 꼽은 이유는, 그렇게 하면 어쩔 수 없이 물건들을 치워가며 업무를 보기 때문이라고 밝혔다. 오후 6시에 퇴근하지 않고 남아서 어질러진 물건을 치우고 싶어 하는 직원은 없기 때문에 물건들을 치우면서 일한다는 얘기였다.

일을 시작했다면 완수 후 바로 정리하라. 이런 업무 리듬을 따르다 보면 금세 절로 몸에 배서 수월해진다.

회사 책임자가 지나가다가 당신의 자리가 폭탄이라도 맞은 듯 난장판인 모습을 본다고 상상해보라. 몇 년 전 한 남자 직원을 해고한 적이 있는데 그만한 이유가 있었다. 언제 봐도 그의 책상은 가득 찬 쓰레기통을 그대로 부어놓은 듯 지저분했기 때문이다.

정리정돈을 잘하지 않으면 당신에게 주어진 시간의 절반을 물건 찾는 데 쓰면서도 그 물건조차 제대로 찾지 못한다. 게다가 물건을 찾아 헤매다 애초에 뭘 찾으려 했는지조차 잊어버리거나 한눈파는 경우가 많다.

계속해서 일을 진전시키고, 계속해서 정리하고, 계속해서 물건을 치우면서 어떤 변명거리도 만들지 말라.

책임을 수용한다

우리는 누구나 변명거리 분비 질환, 즉 '변명증'에 시달린다. 자신의 책임을 수용하지 않고 '그 일을 끝낼 수 있었는데 누구랑 얘기 좀 하느라 밀렸네. 내일 하자'라며 둘러대기 십상이다.

믿기지 않을 정도로 많은 이들이 변명하며 일을 질질 미룬다. 그러면 그렇게 살다 실패할 수밖에 없고 결국 가난해진다. 내가 쓴 책 중 하나인 『변명은 그만』은 전 세계적인 베스트셀러가 되었다. 이 책을 가장 선호하는 사람들은 누굴까? 내 세미나와 워크숍에 참석하고 누구보다 자기 단련을 잘하고 누구보다 성공한 이들이다. 워낙 체계성을 잘 갖춘 사람들이라 이런 책이 필요 없어 보이지만, 책에 담긴 자기 단련, 체계성, 자제력의 개념을 무척 좋아한다.

맡은 일에 대한 책임을 수용하려는 의지와 업무를 완수하는 습성은 뛰어난 인물을 특징짓는 징표다. 뛰어난 인물은 책임을 수용한다. 평범하거나 열등한 사람들은 변명거리를 댄다. 똑같은 시간이 주어져도 일을 완수하기보다는 빠져나갈 변명거리를 생각하며 보낸다.

모든 사람이 큰 계획을 품고 있지만 모두 알다시피 지옥으로 이르는 길의 바닥에는 바로 이런 계획들이 가득 깔려 있다. 사람들은 이렇게들 말한다. '앞으로 이거 이거를 하겠어. 더 일찍 일을 시작하겠어. 더 열심히 일하고 돈을 더 아끼면서 살자.' 그러고 나서 이렇게 말한다. '그전에 언젠가 섬Someday Isle이라는 근사한 곳으로 잠깐 휴가를 다녀와야겠어. 언젠가 돈을 절약하고, 언젠가 씀씀이를 줄이는 거야. 언젠가 그 일을 하고, 언젠가 저 일을 하자.'

이들의 주위에는 어떤 사람들이 있을까? 사람은 끼리끼리 어울리기 마련이라 '언젠가섬'에 머무는 다른 사람들이 모이게 된다. 끼리끼리 앉아서 즐겨 꺼내는 변명거리를 늘어놓는다. '당신의 변명은 뭐예요? 올해는 어떤 이유로 이 섬에 머물고 있어요?'

'진짜 피곤해요. 아직 마지막 과정이 남아 있는데 마치기가 정말 힘들어요.' 이런 식으로 언젠가섬에 머무는 이유가 늘 있다. 삶에서 성공하기 위한 열쇠는 원하는 바를 정확히 결정해서 글로 적어놓고 그 무리로부터 떨어져 나오는 것이다.

준비된 사람에게만 기회가 보인다

준비성은 전문성의 징표다. 준비성은 절대적으로 중요하다. 나는 프로처럼 연설하는 방법을 알려주는 3일 코스의 특별 프로그램을 진행하고 있다. 이 프로그램에 참여해 3일 동안 다른 11명과 함께 비디오카메라 앞에서 시간을 보내고 나면 연설을 해본 적이 없는 사람도 기립박수를 끌어내는 방법을 배울 수 있다.

프로그램을 마치고 며칠 혹은 몇 주 후에 멋진 연설을 해볼 기회를 얻었다는 소식을 편지로 알리는 사람들의 수를 생각하면 놀라우면서도 행복하다. 기회는 반드시 오기 마련이다. 수년 전에 내가 터득한 철학 원칙이 있다. 새로운 것을 배우면 거의 예외 없이 그 지식을 적용할 기회가 생긴다. 새로 배운 지식은 담배 연기처럼 사라지지 않는다.

당신이 응급처치 방법을 배우며 하임리히 요법(목에 걸린 이물질을 제거하는 응급조치-옮긴이)을 익혔다고 해보자. 어느 날 식당에서 식사하고 있는데 옆 테이블 사람이 숨이 막힌

듯 캑캑거린다. 그 순간 당신은 벌떡 일어난다. 음식을 먹다 목구멍에 걸린 상황임을 알아차리고 하임리히 요법으로 그 사람의 목숨을 구해준다. 새로 배운 지식을 활용할 기회는 반드시 온다.

몇 년 전 아내와 식당에서 저녁 식사를 할 때였다. 어느 순간 두어 테이블 건너편의 남자가 가슴을 움켜쥐며 숨 막혀하더니 바닥으로 쓰러졌다. 식당 안의 사람들이 웅성거렸다. '세상에, 이를 어째. 숨을 못 쉬겠나 봐.' 그 테이블에 앉은 사람들은 겁에 질린 채로 전조등 앞의 사슴처럼 얼어붙어 있었다.

"잠깐 갔다 올게, 바버라." 나는 아내에게 말하고 그쪽으로 갔다. 남자의 몸을 뒤집어 복부를 압박하자 목구멍에 걸린 스테이크 조각이 튀어나왔고 남자는 다시 숨을 쉬기 시작했다. 내가 응급처치를 하자 사람들이 다른 테이블과 의자를 뒤로 빼주었고, 모두의 이목이 식당 한가운데에 있는 나와 그 남자에게 쏠렸다. 다행히 남자는 다시 숨 쉬며 바닥에서 몸을 일으켰다.

그 사이에 사람들이 응급차를 부른 터여서 응급차 기사들이 급히 달려 들어와 남자를 들것에 신고 나갔다. 상황은 무난히 수습되었다. 사람들은 테이블과 의자를 제자리에

놓고 다시 식사를 시작했다. 나도 테이블로 돌아가 아내와 하던 얘기를 마저 했다.

우리가 식당 밖으로 나왔을 때 응급차는 아직 떠나지 않고 있었다. 의료진은 남자를 좀 더 살펴보더니 이렇게 말했다. "누군지 몰라도 응급조치해준 분이 이분 목숨을 구했네."

2, 3주 뒤에 우리는 다시 그 식당을 찾았다. 자리를 잡고 앉자 식당 관계자들이 샴페인 한 병을 가져다주며 말했다.

"저희가 드리는 선물입니다."

"선물이라뇨, 무슨 말씀이신지?"

"3주 전에 오셨을 때 목에 음식이 걸려 숨을 못 쉬던 남자분을 선생님께서 살려주셨잖아요."

그때 나는 그 일을 잊고 있었다.

"제가 살렸다고요?"

"예. 응급차 기사들 말로는, 선생님이 응급처치를 해주시지 않았다면 그분이 목숨을 잃을 수도 있었대요."

나는 식당에서 샴페인을 받기 전까지 그 일을 잊고 있었다. 이 얘기를 꺼낸 이유는 새롭고 유용한 지식을 배워두면 언젠가는 꼭 써먹을 기회가 생긴다는 점을 강조하기 위해서다.

연설 잘하는 방법을 가르치는 프로그램에서 나는 준비

의 중요성을 강조한다. 내가 지도한 수강생 중 엔지니어링 기업에서 일하는 남자가 있었다. 그는 자신이 무척 바쁘게 일하는데도 다른 엔지니어들이 더 빠르게 승진하고 더 많은 급여를 받아서 고민하고 있었다. 회사에서는 그 점을 이렇게 설명했다고 한다. '자네가 이해해줘야 해. 이 친구들은 고객들에게 프레젠테이션하면서 사업을 유치해주네. 말하자면 레인메이커^{rainmaker}(조직에 이익의 단비를 내리게 하는 존재-옮긴이)야.'

실제로 전문 서비스 기업에서는 레인메이커들이 가장 높은 급여를 받고 가장 높이 평가받는다. 승진도 더 잘되고 돈도 더 많이 받는다.

그는 고민 끝에 내 프로그램을 수강했다. 그런데 수강하고 2, 3일쯤 지났을 때 그의 상사가 말했다. "이보게, 좀 어려운 일이 생겼네. 중요한 프레젠테이션이 있는데 내가 못하겠고, 원래 진행하기로 했던 엔지니어는 다른 도시로 출장 가서 그날까지 돌아올 수 없어. 자네가 해줄 수 있겠나?"

처음엔 불안한 마음에 대답을 얼버무렸다. "글쎄요."

그러다 잠시 후 강의에서 배운 내용이 떠올라 말했다. "예, 할 수 있습니다. 프레젠테이션의 90퍼센트는 준비니까요. 준비라면 잘할 수 있죠. 관련 자료들을 주세요."

다음 날 아침 사무실을 나선 그는 잠재 고객인 회사를 방문했고, 자신의 회사가 제공하는 서비스에 대한 프레젠테이션을 했다.

사무실로 돌아올 무렵, 잠재 고객인 회사의 사장이 그의 상사에게 전화를 걸었다. "굉장한 프레젠테이션이었어요. 이번 대형 프로젝트를 귀사에 맡기고 싶습니다."

이 프로젝트는 수십만 달러의 수익이 걸린 사업이었다. 이후로 회사는 고객이 생길 때마다 그를 프레젠테이션에 내보냈다. 그는 경력이 남들보다 몇 년 앞서게 되었고 2년이 채 지나지 않아 파트너 지위에 오르면서 수입이 400퍼센트나 늘었다. 더 큰 집으로 이사하고 새 차도 샀다. 아주 근사한 삶을 누렸다. 자신만의 사무실과 비서도 생겼다.

이 모든 일은 자신감 충만한 상태에서 앞에 나가 발표하기 위한 준비의 기술을 배운 덕분이었다. 준비가 잘되어 있으면 당신이 입을 뗀 순간부터 발표를 끝낼 때까지 모든 청중의 주목을 끌 수 있다.

준비성의 효과는 어느 기술에든 적용할 수 있다. '좀 초조해.' 이런 말을 할 게 아니라 초조한 마음이 전혀 들지 않을 때까지 준비해서 초조함을 몰아내라.

가장 가치 있는 사람

지금 다니는 직장을 쭉 둘러보며 자문해보라. '이 회사에서 가장 많은 급여를 받고 가장 가치 있는 사람들은 누구지? 모두가 우러러보는 사람들은 누구지? 전용 주차장을 배정받고 새 차를 몰면서 우리보다 돈을 더 버는 사람들이 누굴까? 이 사람들은 나와 어떤 차별성이 있을까? 어떤 기술을 갖추고 있을까? 회사에 어떤 이익을 가져다주었을까?'

회사는 아주 이기적이다. 다른 곳으로 가지 않도록 당신을 계속 붙잡고 싶어야 급여를 높여준다. 급여를 더 많이 받는 방법은 정말로 쉽다. 맡은 일에 관한 실력을 키우면 된다. 그러면 회사는 당신에게 달려들어 돈을 들이밀며 이렇게 말하게 되어 있다. '제발, 제발 돈을 더 받고 이 회사에 계속 있어요. 당신에게 들어가는 비용보다 당신이 기여하는 정도가 훨씬 높으니 더 좋은 근무 조건을 마련해줄게요.'

그것이 핵심이다. 회사는 모든 직원이 임금으로 들어가는 비용 1달러당 3~6달러의 수입이나 가치 창출에 기여해야 한다고 여긴다. 그러니 꾸준히 기여도를 높여라. 얼 나이팅게일이 기찬 자문거리를 제시한 적이 있다. 내 삶에 영구적인 틀을 잡아준 다음의 질문이다. '회사에 대한 내 기여의 가치를 높이기 위해 오늘 내가 할 수 있는 일은 뭘까?'

성공하고 싶다면 책임을 수용하라. 변명을 대지도, 언젠가를 들먹이며 변명하지도 말고 이렇게 자문하라. '어떻게 해야 내 기여도를 높일 수 있을까? 어떻게 해야 많이 기여할 수 있을까? 내가 내보일 수 있는 또 다른 기술은 무엇일까?'

상사에게 물어보라. '제가 어떻게 해야 회사에 더 크게 기여할 수 있을까요? 어떻게 해야 더 많은 일을 해내고 업무에 더욱 매진하면서, 꾸준히 더 많은 일을 해낼 방법을 찾을 수 있을까요?' 당신이 있는 그 세계는 80퍼센트의 사람들이 일을 덜 할 방법을 찾고 있는 곳이니 당신은 그들을 순식간에 앞지를 것이다.

체계를 세워야 신속해진다

어질러진 책상은 어질러진 정신을 암시한다는 말이 있다. 오늘날 사람들이 물건을 찾느라 흘려보내는 시간이 최대 40퍼센트나 50퍼센트에 이른다. 물건을 되는대로 쌓아놓고 다른 물건이 어디에 있는지 찾지 못한다. 그러고선 일할 시간이 되면 물건들을 찾느라 많은 시간을 써버린다. 때로는 일부 자료를 잃어버린 사실을 알게 되는데, 그 자료가 중요할 수도 있어서 전체 작업을 중단하고 찾기도 한다.

앞에서도 언급했다시피 훌륭한 군대 지휘관은 체계적으로 계획을 세우며 모든 자원을 낱낱이 동원한다. 점검에 또 점검을 거듭하며 공격 개시 전에 모든 것을 확실히 해둔다. 어떤 상황이 일어나든 간에 철저히 대비되어 있다.

업무 이행에 필요한 환경을 꼼꼼히 챙기는 습관을 들여라. 작업 공간이 흐트러지지 않도록 정리하라. 순서대로 나열한 체크리스트로 해야 할 일을 체계화하라. 그다음 1순위의 일에 착수하라. 자세를 잡고 앉아 일을 시작하라. 그 일을 끝마칠 때까지 멈추지 말고 계속하라.

처음엔 주의가 산만해질 것이다. 집중하기 힘들겠지만 하다 보면 점점 더 쉬워지고 만족감이 커진다. 점점 더 신이 나고 활력이 솟는다.

나는 집 안의 작업실에서 일하고 나올 때면 언제나 기분이 좋다. 재료들로 어질러진 조리대를 치우거나, 여기저기 놓인 접시들을 치우거나, 잔디를 깎는 것처럼 사소한 일이라도 완수하면 엔도르핀이 분출하기 때문이다. 일을 처음부터 끝까지 진행해서 끝내면 의기양양해지고 긍정적인 기분과 만족감이 생긴다. 더 많은 일을 하고 싶어진다. 주변 사람들에게 존경을 얻기도 한다.

내가 지금까지 터득한 생산성의 원칙 가운데 최고는 《포천》이 선정한 500대 기업에 든 회사 중 2곳의 사장을 맡았던 한 사람의 말에서 배운 것이다. 그 말은 '어떤 일을 10분 이내에 마칠 수 있다면 당장 실행해서 걸리적거리지 않게 해치워라'였다.

그 일이 10분보다 오래 걸리면 우선순위를 정해서 순서에 따라 수행하라. 체계화하여 일하라. 2, 3시간이 걸리는 일이라면 시간을 따로 떼어두라. 그다음 그 시간을 100퍼센트 할애해 그 일에 매진하라.

명심하라. 삶에서의 성공은 당신의 기여 가치, 생산성, 완수한 업무량, 노력의 가치와 질에 따라 결정된다. 언제나 가치가 높은 업무에 노력을 기울여 신속하고 훌륭하게 완수해내면 근사한 삶이 펼쳐질 것이다. 그렇게 하지 않으면 아무도 당신을 도와줄 수 없다. 조직 내에서 아무리 정치를 해봐야 당신에게 주어진 가장 중요한 업무를 완수하지 않고서는 앞으로 나아갈 도리가 없다.

생산성 높은 시간은 언제인가

이번 장에서 중요하게 살펴볼 마지막 개념은 '황금 시간대에 중요한 업무를 수행하기'다. 왜 그래야 하는지 이어서 알아보자.

많은 현대인이 지식 노동자다. 지식 노동자란 피터 드러커가 경영론 분야에 크게 기여한 개념으로, 머리를 써서 일하는 노동자를 일컫는다. 정보를 작동, 계산, 처리하는 능력으로 일하는 집단이다.

뇌는 특정 에너지를 필요로 한다. 그리고 하루 중에 머릿속이 가장 안정적이고 맑으며 예리한 시간대가 있다. 바로 이때 정말로 중요한 일을 해야 한다. 일이 제대로 잘돼서 실수가 적어지고 능률성이 높아져 더 좋은 성과를 내기 때문이다.

많은 사람이 자기 업무를 처리하다 실수하는 바람에 했던 일을 다시 해야 하는 상황에 놓인다. 나도 경력 초반에 서둘러서 일하다 그런 상황을 겪으며 교훈을 배웠다. 상사의 지시로 파트너들에게 제시할 제안서를 작성하다 숫자 하나를 잘못 쓰고 말았다. 해당 프로젝트의 이익을 완전히 바꾸어놓을 만한 실수였다. 상사는 그 제안서를 보더니 난처해했다. "이런 경제성이라면 이 사람들과 사업 관계를 맺을 수 없겠는데." 그러더니 다른 사람에게 제안서를 건네며 말했다. "이 수치를 다시 확인해주겠나?"

아주 꼼꼼한 직원이던 그는 수치를 확인하고 상사에게 보고했다. "브라이언이 여기에서 중대한 실수를 했습니다.

숫자를 잘못 썼습니다." 내가 투자회수율을 15퍼센트라고 써야 했는데 1.5퍼센트로 잘못 적었던 것이다. 그는 이어서 회수율이 15퍼센트인 근거를 설명했는데, 그 말에 따르면 회사로서는 아주 괜찮은 투자였다.

상사는 나를 한쪽으로 데려가 실수를 지적하며 한소리했다. "우리 회사 사업 계획에 심각한 차질이 빚어질 수도 있었어." 나는 그런 실수를 다시는 저지르지 않았다. 언제나 확인하고 또 확인했다. 언제나 서두르지 않고 중요한 숫자에 정신을 모으고 집중해서 나 자신이나 회사가 심각한 문제에 휘말리지 않도록 주의했다.

그동안 나는 수억 달러 규모의 부동산 개발을 담당하며 쇼핑센터, 사무용 빌딩, 산업단지, 분양 토지 등을 취급해왔다. 이 분야에 종사하는 수많은 고객에게 조언하며 수억 달러를 벌거나 절약하게 해주기도 했다. 그 첫 번째 실수 이후로는 언제나 정신이 가장 맑고 준비가 잘되어 있을 때 가장 중요한 업무를 수행했다.

지금까지 진행된 모든 연구 결과에 따르면 대다수 사람들은 잠을 자고 난 후인 오전에 컨디션이 가장 좋다. 오후나 저녁에 컨디션이 좋다고 말하는 이들도 있지만 그 시간이 되면 대부분 피곤해진다. 살짝 녹초가 되고 지친다. 말

하자면 그들은 '언젠가섬'으로 이동 중이다. '이 일은 내일 해야겠다. 저 일은 다음 주에 하자.'

'너무 피곤해서 이번 주에는 못 하겠어'라는 생각이 들 정도로 피곤함을 느끼는 사람들이 많다. 이 정도로 피곤하면 일에서 완전히 손을 놓고 푹 쉬는 것이 가장 좋다. 주말 내내 쉬거나, 8시간이든 9시간이든 10시간이든 잠을 푹 자라. 낮잠도 자고, 누워서 빈둥빈둥 놀기도 하면서 스스로를 풀어줘라. 대형 프로젝트나 중대한 직무로 녹초가 되면 때때로 재충전하는 데 2, 3일 정도가 필요하기도 하다. 2, 3일 동안 일하지 않도록 자신을 단련하라. 다시 일을 시작하면 피곤한 상태애서 일주일 동안 처리했을 업무를 하루 만에 처리할 수 있을 것이다.

시간을 흘려보내지 않는다

비행기를 타고 이동할 때는 허비되는 시간이 많다. 공항까지 차 타고 가서 탑승 대기를 해야 하고, 비행기 안에 묶여 있다 목적지에 닿으면 호텔로 이동하느라 또 시간이 걸린다. 이 시간을 생산적으로 써야 며칠 치의 생산성을 잃지 않는다. 국제선을 탄다면 특히 더 그렇다.

이런 시간은 어떻게 해야 할까? 여기에서는 우리의 정든 친구인 준비성을 소환해야 한다. 나는 연간 100~200일 정도를 비행기로 이동한다. 최고점을 찍었을 때는 1년 내내 비행기를 타다시피 했다. 그렇게 126개국을 돌아다니며 대서양과 태평양을 셀 수도 없이 건넜다. 언젠가는 로스앤젤레스에서 프랑크푸르트로 가는 루프트한자 비행기에 올라보니 승무원 모두 내가 이름을 아는 사람들이었고 승무원들 역시 나를 알고 있었다. 그 정도로 비행기를 많이 타고 다녔다.

비행기에 탑승하기 전에 계획을 짜서 이동 시간을 방해받지 않고 많은 일을 마칠 기회로 삼으라. 나는 대체로 늦은 시간에 출발해 아침에 목적지에 닿도록 탑승 일정을 잡는다. 한밤중에는 머리를 많이 쓰는 일은 하기 어렵지만, 난이도가 중간 수준인 책을 읽으며 뒤처진 지식을 따라잡는 시간으로는 무난하다. 보고서를 꼼꼼히 작성할 수는 없겠지만 책을 읽을 수는 있다. 나는 독서 습관을 체계화한 덕분에 하루에 3시간 이상 책을 읽을 수 있고 때로는 8시간까지도 읽는다. 자리에 앉으면 책을 꺼내 거의 이동 시간 내내 읽는다.

이러한 독서도 습관과 관련이 크다. 상당수 사람들은 비행기를 어쩌다 한 번씩 타기에 비행을 일종의 휴가로 여긴다. '야호, 나는 지금 휴가를 떠나는 중이야. 자리에 가만히 있어도 승무원들이 식사를 가져다주고 영화도 보여주니 좋네.'

하지만 나는 이 시간을 방해받지 않고 많은 일을 마칠 기회로 여긴다. 영화를 보거나 음악을 들으며 그냥 흘려보내지도 않는다. 비행기에 탑승하면 책을 읽으며 배움을 얻는다.

1994년 독일에 갔을 때 업무 회의가 끝날 무렵 자리에서 일어나 독일어로 말했다. 그러자 후원자가 이렇게 말했다. "독일어를 잘하시면 저희가 독일에서 100만 달러 상당의 일거리를 수주해드릴 수도 있습니다."

"좋습니다." 나는 긍정적으로 답한 후 독일어를 공부하기 시작했다. 오디오 프로그램을 구입하고 책 여러 권을 사고 독일어 교사도 구했다. 그때부터 쭉 비행기를 타고 왕복하는 시간을 독일어 공부에 쏟아부은 덕분에 1년이 채 안되어 독일어가 유창해졌다. 대학 강의 수준의 독일어를 구사하는 데는 많은 시간이 걸렸지만 통역이나 도움 없이도 45~60분 동안 내용이 구체적인 사업 관련 강연을 할 정도까지는 되었다.

나는 프랑스어와 스페인어도 할 줄 안다. 게다가 러시아에서 강연할 일이 많아져서 러시아어도 공부했다. 러시아어는 상당히 어려운 편이지만 비행기로 이동하는 시간을 언어 학습 시간으로 활용하는 습관을 들인 덕분이었다. 포르투갈어도 할 줄 알아 브라질에서도 잘 지냈고, 이탈리아어도 공부해서 이탈리아에서도 잘 지냈다. 중국에 자주 다니게 되었을 때는 중국어 공부를 시작했고, 이제는 중국어로 그럭저럭 의사소통할 수 있다. 중국어와 러시아어는 굉장히 복잡하지만 이런 언어를 배우는 것도 그저 시간문제일 뿐이다.

나는 시간을 허비하기보다 외국어로 질문하고 그 대답을 알아듣고 음식을 주문할 줄 아는 정도까지 언어 실력을 키우고 싶었다. 이 정도의 언어 실력은 끈기 있게 공부하며 메모와 밑줄 긋기, 필기를 활용하면 갖출 수 있다.

외국어 공부는 캄캄한 집 안 여기저기를 헤매고 다니며 불을 모두 켜는 것과 같다. 공부를 하다 보면 뇌세포가 최대한 기능하도록 점점 더 활성화되면서 실제로 점점 더 똑똑해진다.

생산성을 높이는 회의의 기술

회의에서 가장 중요한 규칙은 준비성이다. 회의에서 다루고 싶은 모든 사항을 목록으로 작성하라.

두 번째 규칙은 회의에 참석할 사람들에게 의제를 알려서 논의할 주제의 윤곽을 잡는 것이다.

세 번째 규칙은 참석자 각자가 기여해주길 바라는 사항을 정하는 것이다. '당신이 이 주제에 대해 명석한 발언을 해주거나 여러 질문에 답해주면 좋겠어요.'

구체적인 시간을 정해 회의를 열어라. 회의를 10시에 시작해서 10시 50분에 칼같이 끝내는 식으로, 시작 시간과 종료 시간 둘 다 구체적으로 정하라.

회의를 시작하기로 한 10시가 되면 문을 잠가라. 업무에서 가장 힘든 문제 중 하나가 '변명증'이다. 회의에 늦으면 처음 5분이나 10분을 놓치게 되는데 이때는 가장 중요한 주제가 제시되는 시간이다. 그러면 모두 모일 때까지 전체 회의를 멈춰야 한다.

나에게 이런 회의 방법을 전수해준 사람은 중고차 판매업으로 캐나다에서 두 번째 갑부가 된 인물이었다. 그는 영업 회의를 시작할 때 문을 잠갔다. 그때까지 참석하지 못한 사람은 밖에서 기다리도록 해서 다음번 회의 때는 일찍 와야겠다고 생각하게 했다. 실제로 회의에 또다시 늦는 사람은 한 명도 없었다.

그러니 문을 잠가서 늦게 온 사람들은 못 들어오게 하라. 아예 오지 않은 것으로 여겨라. 늦게 오는 사람을 기다리지 말아야 한다. 그렇게 기다려주는 것 역시 엄청난 시간 낭비다. '누구누구가 금방 올 거예요', '그 사람 지금 통화 중이에요' 같은 말 때문에 기다려주지 말라. 늦게 오는 사람은 아예 오지 않는 것으로 여기고 정시에 바로 회의를 시작하라.

가장 중요한 의제부터 시작해야 한다. 시간이 부족하면 가장 덜 중요한 의제들은 넘어가라. 예를 들면 나는 직원 회의를 열 때 모든 직원이 회의에 기여하도록 유도한다. '지금 자네가 진행하는 일에 대해 말해주게. 어떻게 되어가고 있나? 가까운 장래를 위해 어떤 계획을 세워두었는지 알고 싶네. 그리고 효율성을 보다 높이기 위해 우리가 뭘 도와주면 좋겠나?' 우리는 한 명씩 돌아가면서 얘기한다. 어떤 사람에게는 회의에 크게 기여할 발언거리가 있고 어떤 사람에게는 별 발언거리가 없다. 그간의 경험에 따르면 2, 3주 내에 이전 회의에서 이야기하지 못했던 사람부터 발언하도록 하면 다들 제대로 준비하고 회의에 참석한다. 모두가 회의에 기여하면서 이런저런 질문을 던진다.

다음에 취한 단계는 돌아가며 의장 역할을 하기였다. '회의를 시작하겠습니다. 계획에 따라 배정된 대로 카밀이나

빌이 오늘 의장을 맡겠습니다.'

내가 회의 운영을 진행할 차례라고 알려주면 처음엔 다들 초조해했다. 얼마 후에는 어떻게 바뀌었을까? 완벽하게 준비하기 시작했다. 철저히 준비하고 회의 일정과 의제가 적힌 인쇄물을 나눠주며, 관련 정보를 챙겨봤다는 것도 확실하게 보여주었다. 굉장한 책임감을 내보였다.

회의는 무척 훌륭한 자기 계발 수단이다. 회사에 대한 기여에 동참시키고, 의견을 묻고, 회의 진행을 맡기고, 후속 조치에 대한 책무를 위임함으로써 직원들이 점점 더 발전하도록 도울 수 있다.

한편 회의가 끝나기 10분이나 5분 전에 이렇게 말하라. '이제 회의를 마무리하겠습니다. 혹시 나중에 다룰 수 없고 지금 꼭 다뤄야 할 의제가 있나요?'

그러면 사람들이 마음이 급해져서 이런저런 안건을 얘기하게 된다. 좋은 현상이다. 회의 종료 시간이 되면 제때 회의를 끝내라. '좋습니다. 회의를 마치겠습니다. 다음에 또 봅시다.'

그다음엔 회의록을 곧바로 배포하라. 회의가 어떠했고, 어떤 의제를 논의했고, 어떤 결정을 했고, 모두가 동의한 사항이 무엇인지를 정리해서 24시간 이내에 배포하여 모두가 논의 내용이 담긴 문서를 한 부씩 갖게 하라. 모두가 회의록을 갖고 있으면 그 회의의 모든 의제를 완수할 가능성이 10배 높아진다.

그렇지 않으면 회의가 그저 여러 아이디어와 가능성에 대한 의견을 주고받는 자리로 그친다. 모두가 회의실을 나가면 책임감도 없이 회의 전에 하던 업무로 복귀한다. 각자가 맡을 구체적 과제와 마감일도 없이 마무리되는 회의는 제대로 된 회의가 아니라 쓸데없는 대화일 뿐이다.

이쯤에서 내가 개발한 회의 비결을 소개하겠다. 나는 회의 자리에 스푼을 꽂은 유리잔이나 컵을 가지고 가서 이렇게 말한다. '이러이러한 것을 해봅시다. 어떠어떠한 일을 해보면 어떨까요?'

그러다 스푼을 집어 들어 딸랑딸랑 소리를 낸다. 누가 고양이 꼬리에 방울을 달겠냐는 의미의 신호다. '정확히 누가 그 일을 할 것인가? 그래, 아이디어는 좋다. 아주 쓸 만한 제안이다. 그러면 누가 그 일을 할 것인가?'

이렇게 하면 정말 신통하게도 많은 사람이 '누군가가 이 일을 해야 합니다', '회사에 필요한 일입니다' 같은 소리를 더 이상 하지 않는다.

언제나 종을 울리되 이 점을 명심하라. 과제에 대한 책무, 과제 완수 시기, 완수한 과제를 평가하는 방식 등을 확실히 합의하지 않고 끝내면 그 회의는 회의도 아니다. 그저 쓸데없는 대화일 뿐이다. 사람들의 동기를 유발하기는커녕 동기를 잃게 만든다.

목적지에 닿을 때까지 질주한다

요점을 강조하는 차원에서 다시 말하지만, 당신은 업무를 끝까지 해내고 중요한 임무에 착수해서 완수하는 그 정도까지만 경력을 진전시킬 수 있다. 어떤 일을 하건 이 점을 염두에 두고 스스로에게 물어라. 어떻게 해야 회사에 기여하는 가치를 높일 수 있을까? 이를 조직의 원칙으로 삼으라. 기여의 가치를 높일수록 더 큰 성공을 거두게 된다.

나는 30대 초반에 내 삶을 바꾼 결정을 했다. 앞에서도 말했다시피 당시 나는 어떤 사장 밑에서 일하고 있었다. 업무 시간에 할 일거리가 없을 때마다 사장에게 말했다. "밀리지 않고 할 일을 마쳤습니다. 업무를 더 맡겨주세요."

"그거 잘됐군. 생각 좀 해보고 말해주겠네." 사장에게는 처리할 일들이 넘쳐났다. 수억 달러 규모에 이르는 여러 사업을 운영하고 있었으니 그럴 만했다.

그 회사를 그만두기 전까지 나는 회사 역사상 어느 직원보다도 많은 돈을 벌었다. 연줄도 없고 대기업 근무 경력도 없이 맨손으로 시작해 그저 '더 많은 업무를 맡겨주세요. 더 많은 업무를 맡고 싶어요'라는 말을 내세워 더 많은 일을 완수하며 더 많은 성공을 거두었다.

업무를 맡으면 슈퍼볼 게임에서 공을 패스받은 것처럼 터치다운을 향해 질주하라. 그 업무를 할 수 있는 한 신속하게 완수하라. 그 업무에 당신의 미래가 달린 것처럼 노력을 쏟으라. 정말로 당신의 미래가 달렸으니까.

그 업무를 마치자마자 막대기를 쫓아가 물고 다시 달려오는 개처럼 이렇게 말하라. '일을 더 주세요. 막대기를 다시 던져주세요. 더 많은 업무를 맡고 싶어요.' 업무를 맡겨주면 다시 달려가 신속하고 훌륭하게 해내라.

CHAPTER 5

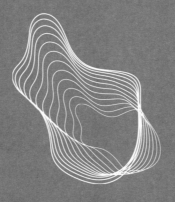

최대 효율의
인생을 설계한다

이번 장에서는 보물창고를 열려고 한
다. 지금까지 내가 가르쳐온 최고의 생산성 향상법을 소개
하겠다. 하나씩 살펴보자.

80/20 법칙

우선 80/20 법칙을 모든 일에 적용하라. 80/20 법칙은
1895년에 빌프레도 파레토^{Vilfredo Pareto}라는 이탈리아 경제학
자가 발견했다. 파레토는 이탈리아의 부의 80퍼센트가 상
위 20퍼센트에 드는 사람들의 수중으로 들어간다는 추산
치를 밝혀냈다. 뒤이어 이 현상이 유럽 전역의 모든 국가에
해당되는 사실임을 밝혀냈다. 업계를 막론하고 해당 업계
부의 80퍼센트가 해당 업계 상위 20퍼센트의 기업이나 조

직의 수중으로 들어가기도 했다. 이후에 파레토는 다음의 사실도 밝혀냈다. 무엇이든 당신이 하는 활동의 가치 중 80 퍼센트는 그 활동의 20퍼센트에서 나온다는 것. 80/20 법칙에 따르면 시간을 체계화하면 당신이 하는 활동의 20퍼센트가 당신의 기여 가치에서 80퍼센트를 차지한다. 앞에서도 말했듯 당신이 할 수 있는 가장 중요한 일은 머리를 효율적으로 활용하는 것이다. 다시 말해 생각을 하라는 얘기다. 가만히 생각해보라. 잠깐 멈추고, 해야 할 모든 일을 목록으로 만든 다음 스스로에게 물어보라. 그 목록에 있는 여러 활동 가운데 어떤 20퍼센트가 가치의 80퍼센트에 해당할까?

피터 드러커에 따르면 때때로 90/10 법칙이 작용하기도 한다. 즉, 성취해야 할 10가지 일을 목록으로 만들면 그중 1개가 다른 9개를 합한 것보다 더 가치 있을 때도 있다. 가치가 낮은 일에 노력을 기울이고 있다면 그 일을 기가 막히게 잘해낸다 해도 시간 낭비다. 사실 가치가 낮은 항목에 노력을 기울이는 것은 경력을 손상시키는 격이다. 아무리 열심히 일하더라도 정작 중요한 것은 무엇에 집중하느냐다. 열심히 일하면서 가장 높은 가치에 기여하는 업무에 노력을 기울이면 더 빠르게 승진하고 더 많은 급여를 받게 될 것이다.

ABCDE 방법

이 비결이 어디에서 유래했는지는 모르지만 정말 효과적이다. 이제껏 내 책을 읽거나 강의를 들은 사람들 중 많은 이들이 이 비결을 통해 부자가 되었다고 고백했다. 지금까지 경험한 모든 기술 중 가장 신통하다며 늘 활용하고 있다고 얘기한다.

영어를 쓰지 않는 외국에 나가 강연할 때는 이 비결을 '12345 방법'이라고도 말한다. 이 방법에서 A는 당신이 반드시 해야 하는 일을 가리킨다. 우선순위를 정하는 일에서 가장 중요한 문제는 결과다. 이 일을 할 경우나 하지 않을 경우 그 결과는 어떨까? 미미한 결과를 낳을까, 중대한 결과를 낳을까?

가장 중요한 과제와 가장 가치 있는 과제가 가장 중차대한 결과를 가져온다. 말하자면 A 과제는 중차대한 결과를 낳는 아주 중요한 과제다. 반드시 해야 하는 일이다. 하지 않으면 문제가 생긴다.

언제든 잠재적으로 가장 중대한 결과를 가져올 만한 일이 뭔지 찾으라. 그것을 당신의 A 과제로 삼으라. 지금쯤이면 당신이 일에 착수하기 전에 과제 목록을 적는 습관이 생겼을 것이라고 믿는다.

그다음 과제는 B다. 이 과제는 '하는 게 좋은' 일이다. 상사나 동료에게 결과를 알릴 만하거나 결과가 추적될 만한 일이다. 결과가 생기기 때문에 중요하지만 그 결과의 중대성은 A 과제보다 낮다.

A 과제가 하나 이상이라면 어떻게 할까? 그래도 괜찮다. A1, A2, A3처럼 우선순위를 매기면 된다. 가장 먼저 해야 하는 가장 중요한 과제는, 가장 중대한 결과를 가져올 가능성이 있는 일이다. B 과제가 하나 이상이라면 B1, B2, B3으로 적으라. 이때는 규칙이 있다. A 과제를 아직 완수하지 않았다면 B 과제를 수행해서는 안 된다. A 과제를 끝마치지 않았거나, 언젠가섬으로 들어갈 변명을 대고 싶어지면 자제하고 다시 A 과제에 열중하라.

억지로라도 이런 식으로 사고하면 아주 똑똑한 사람이 된다. 근육 키우기와 흡사하다. 근력 운동을 하면 어떤 일이 일어날까? 많은 혈액이 근육으로 들어간다. 그러면 신선하고 산소가 풍부한 혈액이 모세혈관으로 마구 흘러들어 근육이 빵빵해진다. 이 과정을 정기적으로 하다가 쉬면 근육은 이완되지만 더 커진다. 나는 이를 '슈워제네거 효과'라고 이름 붙였다. 아널드 슈워제네거는 50년 동안 일주일에 5, 6일씩 하루에 4, 5시간을 헬스장에서 보냈다. 지금도 근육을 유지하기 위해 매일 꾸준히 운동한다. 이처럼 우선 순위를 정하고 노력하는 자세는 정신의 근육을 키워준다. 다시 말해 더 똑똑해진다.

C 과제는 하면 기분 좋은 일이지만 딱히 결과가 없다. 친구들과 연락하거나 점심을 먹으러 나가거나 신문을 읽거나 스팸 메일을 확인하는 것 등이다. 직장에서 이런 일들은 거의 기분 전환 활동이다. 친구들과 어울려 놀던 학창시절로 돌아가게 한다. 직장에 출근하면 유년시절부터 자연스럽게 길들여진 습관에 따라 동료들을 친구처럼 여기며 같이 놀게 된다. 동료들과 잡담을 나누고 메시지로 우스갯소리를 주고받는다.

나에게는 은퇴한 친구가 한 명 있다. 그는 보유하던 대형 사업체의 지분을 수백만 달러에 팔고 하와이와 플로리다에 있는 콘도를 하나씩 구입했다. 지금은 근사하게 살며 많은 여유 시간을 누리고 있다. 다정하고 똑똑한 이 친구는 하루가 멀다 하고 인터넷이나 페이스북에서 본 우스갯소리, 만화, 시 같은 것을 보내준다. 은퇴한 터라 지금도 여전히 놀이 친구들과 시시한 농담을 주고받으며 시간을 보낸다.

C 과제는 하면 기분 좋은 일이지만 A 과제와 B 과제를 모두 마치기 전에 하면 안 된다. 인간은 본래 최소 저항의

법칙을 따르는 경향이 있다. 힘들고 필요한 일보다는 재미있고 쉬운 일을 선호한다는 측면에서 나는 이런 경향을 '편의주의의 원칙'이라고 부른다. C 과제는 즐겁고 신나고 쉽기 때문에 쾌감을 주기도 한다. 무엇이든 반복적으로 자꾸 하면 금세 습관이 된다. 대다수 사람들, 즉 하위 80퍼센트의 사람들이 실패하는 이유는 재미는 있지만 가치에는 전혀 기여하지 않는 활동을 습관으로 들이기 때문이다.

ABCDE 방법의 D 과제는 다른 사람에게 위임하는 일에 해당한다. 위임에는 규칙이 있다. 먼저 지금 하는 일로 시간당 얼마의 돈을 버는지 따져봐야 한다. 연봉 X달러를 벌고 있다면 이 금액을 미국 사회의 평균 근로 시간인 2000으로 나누면 된다. 독일의 근로 시간은 1800이고, 프랑스는 1600이다. 이보다 더 낮은 나라들도 있는데 이 나라들은 생산성이 비교적 낮아서 생활수준도 더 낮은 편이다.

어쨌든 당신이 2000시간 정도 일하고 있다고 치면 이 시간으로 나눈 값이 바로 당신의 시급이다. 가령 연봉 10만 달러를 벌 경우 이 금액을 2000으로 나누면 시간당 50달러가 된다. 그럼 이번엔 다음과 같은 자문해보라. '내가 하는 일 중에 시간당 50달러의 가치에 못 미치는 일이 있을까? 다른 사람에게 시간당 50달러를 주고 그 일을 맡기면 어떨까?' 연 5만 달러를 벌고 있다면 5만 달러를 2000으로 나눈 값인 25달러를 시급으로 버는 셈이다. 앞의 자문에 이어 다음에도 답해보라. '지금 내가 하는 일이 시간당 25달러나 50달러의 가치가 있을까?' 그만한 가치가 없다면 당장 그 일을 그만두고 시간당 25달러나 50달러나 그 이상의 가치가 있는 일을 하라.

당신이 살면서 해야 할 임무 가운데 하나는 시간을 더욱 더 가치 있게 만드는 것이다. 할리우드에서 105명의 변호사를 고용한 로펌을 운영하는 인물이 있다. 이 친구가 자신이 같이 일한 상대들에 관해 이야기해준 적이 있다. 그는 예전엔 고문 변호사로 일하며 여러 기업의 계약 서류 작성을 도왔다. 로스쿨을 졸업한 직후에는 시간당 150달러를 벌었는데 유능한 일 처리 덕분에 시간이 지남에 따라 시간당 175달러로 올랐다가 200달러로 뛰었다.

할리우드에서 일하던 그는 계약 사항에 디지털 저작권을 포함시켜 합의하려는 기업들이 점점 늘고 있다는 사실을 감지했다. 고객들은 그에게 이렇게 묻곤 했다. '이 계약서에 저희 디지털 저작권을 보호해줄 조항을 넣을 수 있을까요?'

"알겠습니다." 그는 이렇게 대답하고 방법을 찾기 위해 법률서를 검토했다. 알고 보니 로스앤젤레스의 모든 변호사가 디지털 저작권과 관련된 요청을 받고 있지만 그 분야를 전문으로 다루는 변호사는 없었다. 그는 엔터테인먼트 업체와 일하는 디지털 저작권 전문 변호사가 되기로 결심했다. 이후 주말에도 쉬지 않고 특별 강좌를 들었다. 전국을 오가며 그 분야의 최고 전문가들이 진행하는 여러 강연과 강의에 참석했다. 이런 노력 끝에 경쟁력이 높아지면서 시급이 250달러로 오르는가 싶더니 275달러까지 찍었다.

법조계에서 가장 중요한 화두는 '비용 청구 가능 시간'이다. 변호사로서 얼마나 많은 시간을 팔 수 있느냐, 다시 말해 비용을 청구할 수 있는 시간이 얼마나 되느냐가 중요하다. 연 비용 청구 가능 시간이 1500~1800시간 정도는 되어야 한다.

현재 내 친구는 소니나 디즈니 같은 기업들과 대형 계약을 체결해주는 대가로 비용 청구 가능 시간당 1000달러 이상을 청구한다. 기업 측에서 이만한 돈을 지불하며 일을 맡기는 이유는, 그가 워낙 일을 잘하고 솜씨가 뛰어나 모두에게 득이 되는 합의를 이끌어내리라는 신뢰가 있기 때문이다. 다른 변호사를 쓸 일이 없다.

내 친구는 종종 굵직한 합병이나 거래와 관련된 법률 업무에 100만 달러를 청구하기도 한다. 의뢰 고객은 기꺼이 이 금액을 지불하는데, 그가 이 금액의 5배나 10배까지도 절약해줄 만한 사람이기 때문이다. 사소한 문구나 문단 하나하나와 부가 권리 사항에 담긴 복잡한 의미를 그만큼 잘 꿰고 있기 때문이다.

그 친구 덕분에 큰돈을 절약한 고객들은 그에게 일을 재차 맡긴다. 그도 경력 초반에는 변호사들의 초기 수입 수준인 시간당 100달러나 150달러를 벌었지만 현재는 수입이 전 세계에서도 최상급 수준이고, 의뢰받은 예약 건수가 앞으로 3~5년까지 차 있다. 이렇게 사람들이 줄 서서 기다리며 비용을 지불하게 된 이유는 그가 디지털 저작권이 굉장한 결과를 낳는 일임을 파악했고, 그 일에서 뛰어난 실력자가 되기 위해 시간을 들인 덕분이다.

다시 요점으로 돌아가서 일을 위임하는 요령을 알아보자. 다른 사람에게 위임할 수 있는 일들을 위임해서 당신보다 낮은 시급을 받는 다른 누군가가 그 일을 하게 하라. 커피를 만들어준다거나, 문서를 복사해준다거나, 스타벅스로 커피 심부름을 다녀오는 일 따위는 하지 말라. 그런 일은 시간당 25달러나 50달러의 가치가 없다. 당신이라면 그런 일의 대가로 다른 사람에게 그만한 돈을 주겠는가?

그런 일 말고, 현재 받는 급여 수준보다 가치가 높은 일을 하라. 그렇게 하면 조만간 지금보다 더 많이 받게 될 것이다. 그러니 위임할 수 있는 일은 전부 위임하라.

언제나 다음과 같이 자문해보라. ① 이 일을 꼭 해야 할까? ② 이 일을 꼭 지금 해야 할까? ③ 이 일을 꼭 내가 해야 할까? 그 일을 할 필요가 없다면, 당신이 해야 할 필요가 없다면, 다른 누군가가 해도 된다면 다른 사람에게 맡겨라.

사업 모델 개혁

마지막의 E는 'eliminate(제거하다)'의 약자다. 나는 일명 '리엔지니어링^{reengineering}(재설계)'이라는 혁신 운동을 지도 체계에 포함시켜 '사업 모델 개혁^{Business Model Reinvention}'이라는 프로그램을 진행하고 있다. 이 프로그램은 사업 모델의 모든 부분을 낱낱이 검토해서 고수익 사업을 구축, 유지하기에 적절한지의 여부를 알아볼 수밖에 없도록 유도한다. 다시 말해 당신의 사업에서 기존의 활동 중 일부를 중단하고 다른 활동을 시작하게 해준다. 리엔지니어링이란 예전만큼의 가치가 사라진 것들을 제거하는 일이다.

우리의 최대 적은 안전지대다. 우리는 일할 때 특정 방식을 따르는 것에 편안함을 느낀다. 심지어 더 이상 그 방식이 그리 생산적이지 않아도, 더 좋은 방식이 있어도 마찬가지다. 계속 그 방식을 따르는 이유는 그 방식이 쉽기 때문이다. 재미있고 쉬운 일을 하려는 편의주의에 해당한다. 하지만 현실적으로 따지자면, 우리가 해야 할 일은 그 방식을 제거하는 일이다.

그래서 나는 기업 고객들에게 이런 식으로 묻는다. '현재 진행하는 일 중에, 지금 이 사실을 알고 나니 다시는 하고 싶지 않게 된 것이 있나요?' 그쪽에서 '○○를 착수하고 싶지 않다'나 '○○를 계속하고 싶지 않다'나 '○○를 더는 하고 싶지 않다'라고 말하면 그다음엔 이렇게 묻는다. '어떤 식으로, 그리고 얼마나 빨리 벗어나실 건가요?'

다시 시작하고 싶지 않은 일이라면 그 일을 하는 것은 시간 낭비다. 본질적으로 따져서 당신의 시간과 삶을 낭비하면서 당신의 경력을 손상시키고 있다는 얘기다.

그래서 나는 기업과 일하게 되면 그곳의 모든 상품, 서비스, 조직, 유통 체계를 꼼꼼히 검토해 보여준다. 이런 식으로 판단의 틀을 세워주고 나서 묻는다. '성과의 측면에서나 생산성의 측면에서 사실을 알게 되셨는데 그 일을 계속하는 게 좋을까요?' 기업 측이 '아니요'라고 답하면 이렇게 묻는다. '어떤 식으로, 또 얼마나 빨리 빠져나오실 건가요?'

이것을 제로베이스 사고zero-based thinking(고정관념에서 벗어나 백지, 즉 제로 상태에서 생각하는 것-옮긴이)라고 한다.

제로베이스 사고를 할 용기와 능력이 당신의 삶을 바꿀 수 있다. 나에게 일을 의뢰한 기업들은 단 한 곳의 예외도 없이 해서는 안 되는 활동 분야가 있었다. 한때는 수익성이 있고 괜찮았지만 현재는 시장이 바뀌어 더 이상 그렇지 않은 분야였다.

비효율을 제거한다

현재 세계에서 가장 수익성 높은 기업은 어느 곳일까? 정답은 애플이다. 애플은 세계 최초로 은행 예치금 1조 달러를 기록했다.

지난 1980년대에 애플이 스티브 잡스를 해고한 일화를 모르는 사람은 없을 것이다. 잡스는 사람을 아주 짜증나게 하는 성격이었다. 사람들에게 모욕을 주고, 소리를 질러댔다. 게다가 당시에 애플이 파산 직전에 놓이자 이사회는 투표로 그를 해임하기로 결정한 후 첨단기술 업계의 고위 임원을 영입했다.

10년 후 다시 파산 위기를 맞은 애플은 스티브 잡스에게 조언을 좀 해달라고 부탁했다. 모든 정보를 넘겨주지는 않았지만 애플은 충분한 정보를 제공했고, 잡스는 외부 고문으로서 좋은 조언을 해주었다.

1990년대 중반에 애플은 회사가 파산 직전에 처했음을 자각하고 스티브 잡스를 영입해 다시 사장 자리에 앉혔다. 다른 사람들이 회사를 망쳐놓고 떠난 뒤였다. 사장으로 돌아온 스티브 잡스가 물었다. "은행에 돈이 얼마나 있죠?"

은행 예치금은 대략 2개월 반을 버틸 정도였고 그때까지 회생하지 못하면 문을 닫아야 할 판이었다. 전 세계적으로 고용 인력이 4000명이 넘는 상황에서 회사가 가진 현금은 2개월 반이면 바닥날 처지인데 판매 실적은 저조했다.

그래서 스티브 잡스는 제로베이스 사고형 질문을 던졌다. "이제는 더 이상 진행하고 싶지 않은 활동이 있나요?" 몇몇 관리자 팀을 불러 지시하기도 했다. "회사에서 생산하고 판매하는 상품이 모두 몇 종인지 보고해주세요."

그전까지 애플의 상품 개수는 아무도 몰랐는데 알고 보니 104종이었다. 잘 팔리는 상품도 있고, 그럭저럭 팔리는 상품, 잘 안 팔리는 상품, 아예 안 팔리는 상품도 있었다. 스티브 잡스가 말했다. "좋아요. 여러 팀으로 나눠 이 목록을 검토해서 수익성이 가장 높은 상품 10개를 알려주세요. 우리는 그 10개에 전력을 쏟아야 합니다."

1~2주 후 여러 팀이 10개의 상품을 뽑은 목록을 가지고 왔는데 내용이 모두 달랐다. 그중에는 수익성이 좋지 않은 특정 품목을 앞으로도 출시해야 한다고 주장하며 그 근거로 잠재력이 높거나 과거에 인기 상품이었다는 이유를 대는 팀들도 있었다. 안전지대형 사고였다.

잡스는 모든 목록을 검토한 후 돌려주며 말했다. "이 목록에서 10개만 추려서 다시 가져오세요. 우리는 지금 104개의 상품 중 10개에만 주력하는 게 좋아요."

직원들은 아우성을 치며 난감함을 표했다. "그렇게는 안 됩니다. 불가능해요. 우리 회사는 아주 큰 기업이에요. 연관 종사자들이 워낙 많아서 이런 상품들을 생산 중단하면 소처럼 들이받으며 난리 칠 사람이 한둘이 아닐 겁니다."

그 말에 잡스가 대꾸했다. "상품을 빼든가, 당신들이 나가든가 하세요."

결국 관리자들은 10종을 뽑아 왔다. 잡스는 그들을 다시 내보내며 말했다. "4개를 추려 오세요. 앞으로 4개의 상품에만 주력할 겁니다." 관리자들은 104종의 상품 중 4종을 추리며 다른 상품들은 포기했고, 회사를 고사시키고 있던 현금 유출이 둔화되었다.

당시에 잡스는 아주 흥미로운 행동을 했다. 그는 젊은 시절부터 빌 게이츠를 호되게 비판하곤 했다. 또한 마이크로소프트는 독창성이 없어서 그저 그런 상품을 내놓는 가치 없는 기업이라고 평가절하했다.

애플과 마이크로소프트는 거의 동시에 사업을 시작했고 주식 상장도 비슷한 시기에 했다. 두 회사 모두 빠르게 성장했지만 시간이 지나자 처지가 엇갈리기 시작했다. 마이크로소프트는 사업 모델에 힘입어 세계적 선두 기업으로 올라섰는데 이때 애플은 파산 직전이었다.

적어도 10년간 빌 게이츠를 씹어대던 잡스가 그에게 전화를 걸었다. 게이츠가 전화를 받자 잡스는 이렇게 말했다. "빌, 나한테 문제가 생겼어요. 돈이 좀 많이 필요해요. 그것도 당장요. 안 그러면 애플이 파산하게 생겼어요."

이때 빌 게이츠가 뭐라고 했는지 아는가? "스티브, 지금까지 우리 사이에 의견 차이가 많긴 했지만 애플은 너무 중요한 회사라 파산하면 안 돼요. 필요한 돈을 줄게요."

"이율이 얼마든 다 낼게요."

"안 그래도 돼요. 돈을 빌려주겠다는 얘기가 아니에요. 내가 애플의 주식을 살게요. 당신과 한배를 타겠다는 겁니다. 내가 애플 주식을 매입해서 애플이 성공하면 나도 성공하게 되는 거고 애플이 성공하지 못하면 우리 둘 다 손해 보는 거죠." 실제로 게이츠는 애플의 주식을 대거 매입했다.

애플은 그 돈을 밑천으로 사세를 완전히 반전시켜 세계에서 가장 가치 있는 기업으로 도약했다. 빌 게이츠가 매입한 애플 주식의 현재 가치는 상상하기도 힘들 만큼 어마어마해서 수십억 달러에 이른다. 이 일화를 통해 빌 게이츠가 어떤 사람인지를 엿볼 수도 있다. '그동안 꽤나 악담을 들었지만 당신의 회사는 너무 중요해서 파산해서는 안 된다'라며 결정적인 순간에 애플을 구제했으니 말이다.

어쨌든 스티브 잡스가 애플의 상품을 4개로 추린 이야기는 제로베이스 사고의 한 사례다. 다른 상품들에 비해 가치가 떨어지는 상품을 제거한 예다. 그렇다고 해서 제거 대상 상품들이 좋은 상품이 아닌 것은 아니다. 모든 것을 다 할 순 없으니 줄여야 한다는 얘기다. 내가 전 세계 수천 명의 사업주들에게 사업 모델 개혁을 가르치며 강조하는 내용처럼 자사의 상품과 활동을 전면적으로 평가한 다음 회사를 개혁해 돈 벌어들이는 기계profit machine로 바꾸라.

현재 사업에서 높은 수익을 꾸준히 내지 못하고 있다면 당신의 사업 모델은 효과가 없는 것이다. 한물갔고 시장과 경쟁에서 밀려나고 있다는 의미다. 진심으로 성공을 바란다면 새로운 사업 모델이 필요하다. 그러니 차분히 앉아서 그 사업 모델의 구성 요소를 퍼즐 조각처럼 살펴보라. 어떤 조각을 제거하고 어떤 조각을 바꿔야 할지 잘 보라. 그다음 모든 조각을 다시 맞추면 된다.

그동안 내가 도운 여러 사업주들도, 한 발 뒤로 물러나 객관적으로 가치가 떨어지거나 무가치한 상품과 활동을 제거하고 회사를 돈 벌어들이는 기계로 변모시키는 것만으로 회사를 천 배쯤 개혁했다.

하버드 대학교에서 조사한 바에 따르면 기업들의 80퍼센트가 한물간 구식 사업 모델을 활용하고 있다. 동일한 사업 모델이 무려 55개나 되었다. 모든 기업이 사업 모델을 가지고 있지만, 하버드대에서 밝혀낸 바로는 《포천》이 선정한 500대 기업의 수장들조차 자사의 사업 모델을 명확히 알지 못하는 경우가 많다.

대다수 기업은 '귀사의 사업 모델은 뭡니까?'라는 질문을 받아도 확실히 알고 대답하지 못한다.

'저희 회사는 이러이러한 상품을 생산하고 저러저러한 상품을 팔고 있습니다.'

자사의 상품과 그것을 판매할 대상으로 삼을 업체를 어떻게 결정하는가? 가격 책정은 어떤 식으로 하는가? 어떤 방식으로 광고와 마케팅과 판촉 활동을 하는가? 당신 자신은 경쟁에서 어느 위치를 점하고 있는가?

당신의 사업 모델이 10개의 구성 요소로 이루어져 있다면 그 요소들은 나사로 연이어 고정된 기계 부품처럼 맞춰져 있는 셈이다. 모든 부품이 제대로라면 그 기계는 환상적으로 돌아가게 되어 있다.

제대로 작동하지 않는 기계를 가지고 있다고 상상해보라. 알람시계가 고장 났다고 가정해보자. 이때는 시계를 분해해 모든 부품을 펼쳐놓고 결함이 있는 조각 하나 혹은 여러 개를 찾아내 잘 작동하는 새 부품으로 교체해야 한다. 그다음 다시 조립하면 시계는 완벽하게 작동한다.

모든 사업은 기계의 부품과도 같다. 대부분의 경우 사업 모델의 핵심 요소 1, 2개가 손상되거나 쓸모없는 상태여서 제대로 작동하지 않는다. 그러면 회사는 수익을 내는 데 고전한다. 사업 모델은 곧 수익 모델이다. 따라서 좋은 사업 모델이 있는지 없는지를 분간할 수 있다. 사업 모델이 좋으면 쏠쏠한 수익을 매일, 매주, 매달 꾸준하고 확실하게 벌어들이기 때문이다.

그 정도 수익을 얻지 못하고 있다면 고삐를 당기며 멈춰서서 이렇게 말해야 한다. '잠깐. 이 일의 모든 요소를 찬찬히 살펴보며 우리가 제대로 잘하고 있는지 확인해보자. 어떤 분야에서 수익을 창출하지 못하고 있을까? 사업을 다시 시작해야 한다면 착수하고 싶지 않은 분야는 뭘까?'

기업은 수익 창출 조직이다. 기업의 유일한 목표는 고객에게 삶의 질을 개선시켜주는 상품과 서비스를 제공함으로써 수익을 내는 것이다.

나는 경제학자 밀턴 프리드먼^{Milton Friedman}이 세상을 떠나기 얼마 전에 같이 저녁을 먹은 적이 있다. 그때 프리드먼도 그렇게 말했다. 사업의 목표는 수익 창출이지 사회적 활동이나 자선 활동이나 세상 구하기가 아니라고. 사람들의 삶을 풍요롭게 해주는 상품과 서비스를 생산하되 돈벌이가 되는 방식으로 활동함으로써 비용보다 더 많은 수익을 창출하는 것이라고.

피터 드러커는 수익은 미래의 비용이라고 말했다. 수익이 없으면 그 기업이나 업계에는 미래가 없다. 심지어 때로는 그 국가 전체에도 미래가 없다.

한 개인으로서의 당신도 수익 창출 기계다. 돈을 벌고 있는 당신의 목표는 생활을 위해 쓰는 비용보다 더 많은 돈을 버는 것이다. 먹고살 수 있을 만큼만 버는 것은 의미 없다. 당신은 그 이상의 돈을 벌고 싶어 한다. 더 높은 수입을 끌어내고 싶어 한다. 돈을 저축해서 목돈을 모으고 싶어 한다.

경제적으로 남에게 의존하지 않게 되고, 더 나아가 부자가 되길 원한다. 그래서 개인적 사업 모델을 갖추기도 한다. 물론 개인적 사업 모델도 기업의 사업 모델과 똑같은 노선을 따른다. '어떤 서비스를 제공할 것인가? 금액은 얼마로 책정하고, 더 많이 청구할 수 있으려면 서비스를 어떻게 향상해야 할까? 차별성은 무엇일까? 추가하거나 뺄 만한 부분은 무엇일까? 착수하거나 중단할 만한 활동은 없을까?' 이 모두가 중요하게 따져볼 문제다. 이런 문제에 답하려면 당신은 생각을 해야만 하고, 생각을 하면 더 똑똑해진다.

이어서 당신의 경쟁 상대가 누구인지 자문해보라. 당신과 비슷한 일을 하면서 당신과 똑같거나 더 많은 돈을 벌고 싶어 하는 사람들은 누구인가? 그 사람들보다 더 많은 돈을 받으려면 일에서 더 좋은 성과를 내야만 한다.

이 모든 문제를 생각하면 다음과 같이 자문해볼 수밖에 없다. '어떻게 해야 일을 더 잘할 수 있을까? 어떻게 해야 실력을 더 키울 수 있을까? 나를 부자로 만들어줄 만한 개인적 사업 모델을 세운다면 어떻게 만드는 게 좋을까?'

당신이 원하는 것은 각종 청구서 대금을 치를 정도만 버는 것이 아니다. 심지어 넉넉하게 살 만큼 버는 것도 아니다. '부자'가 되길 원한다. 부자가 되지 못할 수도 있지만,

당신이 부자가 되지 못하는 이유는 그것을 목표로 삼지 않았기 때문이다. '부자 되기'를 목표로 정하면서 스스로에게 자문해보라. '어떻게 하면 부자가 될 수 있을까? 돈을 더 많이 벌어 나와 우리 가족이 더 나은 삶을 누릴 수 있도록 더 크게 기여하려면 어떤 활동을 더 하거나 덜 해야 할까?' 이 모두가 생산성 차원에서 중요한 문제다.

근무 시간의 무려 50퍼센트가 비생산적인 활동으로 허비되고 있다. 일부의 경우에는 60이나 70퍼센트에 이르기도 한다. 어느 직장이든 모든 구성원이 누가 가장 생산적인지를 안다. 등에 표식을 붙이고 다니지 않아도 가장 가치 있는 사람이 누구인지를 모두들 안다. 사업에서는 사람이 10명 있다면 그중 2명이 80퍼센트의 성과를 끌어낸다. 이들에게는 기회의 문이 사방에 열려 있다. 경영진에게 높이 평가받기도 한다. 다수의 기업이 한두 사람의 재능을 중심으로 성장한다.

몇 년 전 『아웃퍼포머^{The Outperformers}』라는 책을 낸 모튼 한센 Morten Hansen은 기업이 성공하는 이유는 적어도 한 명의 아웃퍼포머(우월한 성과를 내는 사람)가 있기 때문이라고 주장했다. 중소기업에는 생산성이 탁월한 사람이 적어도 한 명 있어야 한다. 영업을 하는 기업이라면 우수한 영업 사원이 적어도 한 명 있어야 한다.

그 절묘한 사례가 휴렛팩커드다. 이 회사는 해군 출신의 두 남자 윌리엄 휴렛과 데이비드 팩커드가 창업했다. 첨단 기술 기업을 시작한 두 사람은 기계 생산에 대한 아이디어를 창안했다. 휴렛은 실력이 대단한 엔지니어였다. 그가 다른 기계들 여러 종에 들어갈 수 있는 단순한 기계를 생산하자는 아이디어를 제안했고, 두 사람은 캘리포니아주 팰로앨토의 차고에서 제품을 생산하기 시작했다. 바로 이곳이 실리콘밸리의 효시다. 이 차고는 버스가 다니는 길가에 있다. 차로 지나가면서 보면 아주 오래전 휴렛과 팩커드가 회사를 시작한 곳이라는 푯말이 크게 붙어 있어서 눈에 띈다.

데이비드 팩커드는 성격이 좋고 영업 수완이 비상했다. 영업 실력이 예술적이어서 나갔다 하면 상품을 팔고 왔다. 팩커드가 상품을 잘 판 덕분에 휴렛이 상품을 설계하고 생산할 수 있었고, 두 사람은 역사상 가장 성공한 기업 중 하나를 일구었다.

애플은 스티브 잡스와 스티브 워즈니악이 창업한 회사다. 마이크로소프트는 빌 게이츠와 동업자가 공동 창업했다. 한 사람이 기술의 귀재였다면 또 한 사람은 마케팅의 귀재여서 고객이 원하는 바와 고객을 만족스럽게 해줄 방법을 잘 알았다. 상품을 어떻게 생산해야 할지 잘 알았다.

당신의 경우도 다르지 않다. 당신에겐 아웃퍼포머가 있어야 하며, 그런 사람이 없다면 당신 자신이 아웃퍼포머가 되어야 한다. 확실히 성과를 내는 사람이라는 평판을 쌓으라. 좀 더 노력하면서 좀 더 늦게까지 일하고 좀 더 일찍 나와야 할지도 모르지만 혼신을 다해 가치 있는 사람으로 거듭나기 위해 힘쓰면 회사에서 당신을 붙잡아두기 위해 얼마든 기꺼이 주려 할 것이다.

3의 법칙

이번엔 3의 법칙을 얘기해보자. 3의 법칙은 내가 시간 관리와 개인 생산성을 수년간 연구한 끝에 깨달은 법칙이다.

나는 강의를 듣는 수강생 모두에게 이 법칙을 가르친다. 일주일 혹은 한 달 프로그램에 들어온 수강생들에게 자신이 하고 있는 모든 활동을 목록으로 만들게 한다. 대체로 내 강의에 처음 들어오기 전에 목록을 다 작성하게 한다. 그러면 수강생들은 보통 10개나 20개를 적는다. 더러 30개나 40개, 아니면 50개나 60개까지 적는 경우도 있다.

수강생들이 목록을 가져오면 나는 이렇게 말한다. "저는 목록을 안 봐도 딱 알 수 있어요. 아마 그 목록에 적은 활동의 10퍼센트가 나머지 90퍼센트의 활동을 합한 것만큼의 가치가 있고, 목록 중 90퍼센트는 시간 낭비의 주범이며, 목록 중 3개의 활동이 다른 나머지를 합한 것보다 가치가 클 겁니다."

그렇다면 그 3개는 어떻게 구분해낼까? 마법의 질문 3개를 던져보면 된다. 이 3개의 질문이 당신을 부자로 만들어줄 것이다. 딱 5분 만에 사람들에게 부자가 되는 방법을 알려줘야 한다면 나는 다음과 같이 이야기할 것이다.

마법의 질문 첫 번째

하루 종일 하나의 활동만 할 수 있다면 내 업무와 우리 회사에 최대의 가치를 부여할 수 있을까?

대다수 사람들은 거의 즉시 답을 깨닫는다. '바로 판매를 성사시킬 수 있으면 좋겠어', '더 괜찮은 고객을 찾고 더 가망성 높은 잠재 고객과 이야기할 수 있으면 좋겠어.'

판매는 여러 단계로 이루어진다. 당신이 뛰어난 성과자, 우월한 성과자, 실패자 중 어디에 들게 될지를 가르는 것은 대체로 전체 판매 과정 가운데 단 하나의 단계다.

일단 답을 알았다면 그 활동에 동그라미를 치고 다음에 답해보라.

마법의 질문 두 번째

하루 종일 이 목록 중 2가지 활동만 할 수 있다면 두 번째로 가치 있는 활동은 뭘까?

두 번째 질문은 답하기가 약간 힘들다. 1순위의 활동은 대체로 쉽게 가려지는데 2순위는 상대적으로 어려운 편이다. 그래도 금세 답이 나오기 마련이다. 답이 나왔다면 다음에 답해보라.

마법의 질문 세 번째

하루 종일 이 목록 중 3가지 활동만 할 수 있다면 세 번째로 가치 있는 활동은 뭘까?

3개의 활동을 정하고 뒤로 물러나 객관적으로 생각하다 보면 눈앞에서 섬광이 번쩍한 것처럼 퍼뜩 깨달을 것이다. 그 3개의 활동이 당신 삶의 경제적 성과 전체를 좌우한다. 당신의 성공과 행복도 좌우한다. 성취도는 물론이고 평판까지도 좌우한다. 모든 것이 3가지 활동에 달려 있다. 나머지 97퍼센트는 가치에 거의 기여하지 않는다.

3의 법칙에 따르면 다른 활동들은 제쳐놓아야 한다. 1, 2, 3순위의 활동을 골라라. 1순위의 활동에 노력을 쏟으면서 당신이 할 수 있는 모든 일을 다할 때까지 전념하라. 그다음 2순위와 3순위의 활동을 차례로 이어가라. 매일 스스로에게 물어라. '내가 해야 할 중요한 활동 3가지는 뭘까?'

워런 버핏은 오랫동안 세계 최고의 갑부 자리를 차지했다. 현재 기준으로는 약 840억 달러 상당의 재산을 보유하고 있다. 버핏이 '버크셔 해서웨이Berkshire Hathaway'를 창업했을 때 당신이 이 회사의 주식을 100달러에 샀다면 가치가 현재는 200만 달러도 넘게 뛰었을 것이다. 연이율로 따지면 주식 가치가 수십 년에 걸쳐 해마다 25퍼센트 이상씩 올랐기 때문이다.

"당신의 성공 비결은 뭡니까?" 사람들이 물으면 버핏은 이렇게 대답했다. "제 성공 비결은 간단합니다. 그냥 모든 일을 제쳐놓는 겁니다. 저는 가장 중요한 일 3가지 외의 모든 일을 제쳐놓고 거기에 전념해요. 하루 내내 그 3가지 일만 하고 남는 시간엔 공부합니다."

버핏은 하루에 500쪽 분량의 글을 읽는다. 매일 6~8시간씩 공부하면서 책과 기사를 읽고 하루에 2시간 정도만 할애해 중요한 3가지 일을 한다. 다른 일들은 다른 사람에게 맡기거나 제쳐놓는다.

내 친구 한 명은 IBM에서 25년간 일했다. IBM은 1980

년대 말과 1990년대 초에 심각한 재정난에 처해 파산할 지경이었다. 결국 사장을 비롯한 모든 고위 임원이 물러났는데 이후 등장한 신임 사장이 새로운 인물들을 영입해서 사세를 반전시켰다.

이 새로운 인물들은 문제점 하나를 발견했다. 회사 내에는 재능이 뛰어나지만 대부분 가치가 낮거나 아예 없는 업무를 맡은 직원들이 많았다. 그래서 3의 법칙을 도입했고, 모든 직원이 하루의 업무 중 가장 중요한 3가지를 가려낸 후 거기에만 전념하도록 교육했다.

관리진은 모든 직원이 꾸준히 3대 업무에 집중하도록 돕는 역할을 교육받았다. 그래서 관리자는 말을 시키거나 직원 회의를 열 경우엔 먼저 확인부터 했다. '지금 하는 3대 업무가 뭐지?'

직원들은 자신의 3대 업무를 명확하고도 분명하게 숙지해야 했고, 관리자는 '지금 3대 업무 중 뭘 하는 중인가?'라고 묻곤 했다. 그 결과 회사는 반전을 맞았다.

IBM이 세계 역사상 유례없는 흑자 전환 사례를 이루어낸 밑바탕에는 각 직원이 3대 업무를 스스로 찾아 하면서 업무 수행을 더욱더 잘하도록 격려하는 기업 문화가 있었다. 3의 법칙 하나만 열심히 실천하면 크게 성공할 수 있다.

핵심 기술을 업그레이드한다

네 번째 생산성 향상법은 당신의 핵심 기술을 업그레이드하는 것이다. 3의 법칙을 따르면 자연스럽게 이어지는 단계다. 3개의 업무를 가려냈다면 그 일에 관한 능력이 더 향상되도록 매진하는 것이 자연스러운 수순이다. 그 업무 분야에서 최고가 되어라.

앞에서 소개한 할리우드의 변호사는 자신이 할 수 있는 가장 가치 있는 일이 뭔지를 자각했다. 온갖 첨단기술 관련 내용을 다루는 복잡하고 지능적인 합의문을 작성해서 전달하며 고객들이 큰돈을 절약하거나 벌도록 하는 일이었다. 일을 의뢰하는 기업들로선 계약 조항에 따라 수십억 달러의 자산이 왔다 갔다 하는 문제여서 그런 일을 맡으면 얼마가 되었든 거의 제약 없이 비용을 청구할 수 있었다.

그러니 당신도 중요한 일 3개를 가려낸 후 당신이 최고가 될 분야를 정하라.

이때 활용할 만한 최고의 자기암시가 있다. 우리 아이들이 어릴 때부터 내가 썼던 다음의 말이다. '나는 최고다. 나는 최고다. 나는 최고다.'

이 말을 몇 번씩 반복해서 말해보라. 나는 지금도 아이들에게 이렇게 말해준다. '너는 최고야. 너는 네 일을 아주 잘

하고 있어. 너는 정말로 재능 있어.'

나는 직원들에게도 같은 말을 해준다. 비서인 셜리는 처음엔 굉장히 소심하고 자존감과 자아상도 형편없이 낮았다. 나는 그녀에게 자주 이런 말을 해주었다. "저기 말이야, 자네는 최고야. 자네는 최고라고."

나와 수년간 일한 셜리는 퇴근할 때쯤 되면 곧잘 이런 말을 했다. "저 정말 끝내줘요. 저는 이 분야에서 최고예요." 그 말을 진심으로 했고, 만족스러워하는 얼굴에는 미소를 띠었다. 실제로 셜리는 일을 무척 잘해서 내가 입에 침이 마르도록 칭찬할 정도였다. 그녀는 자신이 맡은 핵심 업무에 관한 실력이 갈수록 좋아졌다.

특별한 재능을 이용한다

다섯 번째 생산성 향상법은 자신만의 특별한 재능을 이용하는 것이다. 이용해서 더 증식시켜라. 다시 말해 당신에게 가장 중요한 일들을 수행하면서 그 일들을 점점 더 많이 할 수 있게 된 비결을 다른 사람들에게도 알려주라는 얘기다.

내 회사를 창업했을 때 내가 최고로 기여할 수 있는 영역은 영업 능력이었다. 이 능력을 이용할 수 있는 최고의 방법은 성공을 열망하는 사람들을 채용한 후 영업 요령을 가르쳐주는 것이었다.

나는 24살 때 영업직에 취직했다가 마침내 영업 요령을 터득했다. 영업을 아주 잘해서 사람을 채용해 가르쳐보고 싶지 않냐는 질문을 받기도 하고, 내 판매분에 대해 가산 수당을 챙겨 받기도 했다. 그러다 보수가 높은 영업직 자리를 제안하는 신문광고를 내 돈을 들여가며 내기 시작했다. 6개국 출신의 다양한 사람들이 나를 찾아왔다. 면접을 보고 마음에 들면 채용한 후 영업 요령을 훈련시켰다.

나는 매달 6개국 출신이 모인 영업 팀에서 한 명씩을 데리고 다니며 일했다. 여기저기 데리고 다니며 가르쳤고 방문판매를 할 때도 같이 나갔다. 그렇게 훈련시키면서 이들 모두를 뛰어난 영업 사원으로 키워냈다.

내 수입이 10배, 20배, 30배로 점점 높아진 것도 이 팀원들의 판매에 따라 나에게 붙는 가산 수당 덕분이었다. 나는 이들과 오랫동안 연락하며 지냈다. 그중 다수가 백만장자가 되고, 재벌 그룹의 수장이 되고, 회사 소유주가 되었다. 이들이 삶에서 전환기를 맞은 계기는 내가 잘하는 일을 이들에게 가르치고 뛰어난 실력을 쌓게 하는 방식으로 나 자신을 활용하기 시작하면서였다.

핵심적 제약을 찾는다

생산성 향상을 위한 여섯 번째 아이디어는 자신의 핵심적 제약을 찾는 것이다. 제약을 관리하거나 제거하는 개념은 엘리야후 골드랫Eliyahu Goldratt이라는 텔아비브 대학교 교수가 처음 주장했다. 그는 『더 골The Goal』이라는 책에서 일을 대하는 하나의 관점을 소개하여 지대한 영향을 미쳤다. 일명 '제약 이론theory of constraint'으로 불리는 이 이론은 내가 지금껏 알게 된 시간 관리 원칙 가운데 가장 훌륭하다. 내가 아는 최정상급 사업가들 중 이 원칙에 심취하지 않은 사람이 없다.

제약 이론을 간단하게 설명하면 당신과 당신이 성취하길 원하는 목표 사이에 심각한 제약이 있다는 것이다. 말하자면 그 목표를 얼마나 빨리 성취하게 될지를 좌우하는 하나의 심각한 제약 요소가 있으므로 그 요소를 찾아내 제거해야 한다는 것이다. 그러면 다른 방법을 사용하는 것보다 더 빠르게 그 목표에 다가서게 된다.

골드랫의 주장에 따르면 하나의 제약을 제거하고 나면 또 다른 제약이 나타난다. 그러면 두 번째 제약을 제거해야 한다. 이제는 두 번째 제약이 가장 중요한 목표를 성취하거나 가장 중요한 활동을 완수하는 속도를 결정짓기 때문이다.

아주 단순한 사례를 소개하겠다. 애플은 노트북 컴퓨터

도 팔고 있다. 애플의 노트북은 디자인이 근사하고 성능도 뛰어나지만 경쟁사들이 그에 필적할 만큼 뛰어난 제품을 판매하고 있는 데다 일본과 타이완과 중국 같은 나라들이 저비용으로 고성능 컴퓨터를 생산하고 있어서 경쟁이 치열하다.

애플 측은 이렇게 말했다. "우리는 컴퓨터만으로는 살아남을 수 없습니다. 다른 뭔가가 있어야 해요. 아직 아무도 내놓지 않은 새로운 상품이 필요해요." 그래서 생각에 생각을 거듭하다 사람들이 카세트테이프나 CD를 들으려고 붐박스(휴대용 대형 라디오 카세트-옮긴이)를 가지고 다니는 점에 주목했다. 혹시 그 시절이 기억나는가?

오래전 소니가 워크맨을 내놓았다. 워크맨이 있으면 카세트테이프와 CD를 들을 수 있었다. 하지만 가지고 다니면서 들을 수 있는 곡의 수가 적었다.

애플은 수많은 음악 파일을 저장하고 이어폰으로 들을 수 있는 제품을 내놓았다. 바로 아이팟을 내놓으며 "주머니 속의 1000곡"을 광고 카피로 내세웠다. 주머니나 핸드백에 쏙 들어가는 작은 기계 하나에 음악을 전부 담아서 이어폰으로 들을 수 있다는 점을 강조한 것이다.

애플은 아이팟을 500달러에 내놓아 수백만 대를 팔았다.

파산 직전에 처해 어려움을 겪다가 돈 잘 버는 기업으로 탈바꿈했다. 애플은 또 이렇게 말했다. "우리는 아직 아무도 내놓지 않은 또 다른 상품이 있어야 해요. 누구나 다 하는 일상적인 것에서 크게 벗어난 그런 상품이요."

당시엔 다양한 휴대폰이 출시되어 있었고 모토로라가 이 업계의 제왕이었다. 그랬던 모토로라가 현재는 휴대폰 업계에서 뒷전으로 밀려나 있다. 노키아도 한때는 세계 최대의 기업으로 군림하며 전 세계 휴대폰 시장의 50퍼센트를 점유했다. 노키아와 블랙베리가 세계의 휴대폰 시장을 거머쥐고 있으면서 노키아가 49~50퍼센트, 블랙베리가 30~40퍼센트를 점유하고 나머지 시장을 다른 기업들이 나눠 가졌다.

애플이 아이폰을 발표했을 때 이 두 경쟁사는 장난감 같다고 비웃었다. 결코 성공하지 못할 거라고, 10대와 어린애들이나 관심을 가질 거라고 전망했다. 사진을 찍고, 메시지를 보내고, 친구들을 재미있게 해줄 짧은 동영상을 찍고 싶어 할 사람이 얼마나 되겠느냐, 수많은 연락처를 저장하고 다니며 이메일을 주고받을 사람이 얼마나 되겠느냐며 사람들은 그런 휴대폰을 원하지 않는다고 말했다. 사람들이 원하는 건 그저 피처폰처럼 단순한 기술 제품이라고.

그 후 5년이 채 되지 않아 두 기업 모두 파산했다. 사라 져버렸다. 노키아는 마이크로소프트가 인수한 후 폐업시켰 고 블랙베리는 그냥 파산했다. 두 기업은 한때 세계 시장의 50퍼센트 이상을 점유했지만 아이폰이 나오자 5년도 지나 지 않아 1퍼센트에도 못 미치게 되었다. 애플은 세계에서 가장 부유하고 가장 돈 잘 버는 기업의 대열에 올라섰다.

애플은 자사의 사업 모델을 재평가했다. "우리는 더 좋고 다른 것들과 차별화된 제품을 내놓아야 합니다." 그러면서 지속적으로 사업 모델을 개선했다. 누구라도 구매할 만한 가격을 매겨야 해서 마법의 가격인 500달러로 아이폰을 출 시했다. 유럽과 아시아의 출시 가격은 500유로로, 대략 700 달러나 800달러에 상당했다. 현재는 가격이 1000달러이며 부가 기능을 원한다면 최대 1500달러까지 뛴다. 덕분에 애 플은 1조 달러의 자금을 쌓을 수 있었다.

그 후 애플은 아이패드를 출시하며 데스크톱과 노트북 시장에 큰 타격을 입혔다. 애플은 사업에서 완전히 새로운 방식을 검토했다. 새로운 상품과 가격과 고객층을 실험하 면서 시장을 혁신했다.

현재 당신이 어떤 사업을 하든 그 사업은 조만간 구식이 될 것이다. 심지어 이미 구식일지 모른다. 따라서 이제부터는 이렇게 생각해야 한다. '나의 다음번 기적은 뭘까? 내가 벌고 싶은 만큼 돈을 벌려면 앞으로 5년 동안 뭘 해야 할까?'

당신의 생산성을 제약하는 요소를 찾으려면 다음과 같이 자문해보라. '나에게 가장 중요한 삶의 목표는 뭘까? 성취 해낼 수 있다면 내 삶에 가장 큰 영향을 미칠 만한 목표가 뭘까?'

영업에서 성공의 속도를 결정하는 것은 판매 건수지만 이렇게 자문해볼 수도 있다. '영업에서 이 정도의 돈을 버는 속도를 결정하는 것은 뭘까?' 생각해보면 대체로 당신이 매진할 수 있는 것이 하나쯤은 있다.

사업을 한다면 다음과 같이 자문해볼 만하다. '내 사업의 성장을 제약하는 요소는 뭘까?' 30~40년 전부터 지금까지 수많은 기업이 깨달아왔듯 거의 예외 없이 그 제약은 특정 재능과 기술을 갖춘 인재를 찾아 채용하는 문제다. 상품을 성공시킬 수 있는 실력자를 발굴해야 한다.

스티브 발머는 마이크로소프트에 입사해 고속 승진을 거듭하며 사장 자리까지 올랐다. 창업 멤버였던 그는 스티브 잡스에게 호감을 얻었고 능력도 출중했다. 현재는 보유한 주식을 매각하고 은퇴해서 세계 최고의 갑부 대열에 들었다. 그의 재산은 160억 달러에 달할 것이다. 세계 최고의 갑부 중에는 빈손으로 시작해서 급성장하는 기업에 입사한 인물들이 몇몇 있다. 이들은 회사와 함께 성장하며 스톡옵션을 받거나 회사의 주식을 샀다. 그리고 워런 버핏이 그랬듯, 회사가 성장하면서 점점 더 부자가 되었다.

현재 전 세계 곳곳에는 버핏 억만장자들이 있다. 이른 나이에 일찌감치 워런 버핏의 회사 버크셔 해서웨이의 주식을 사들인 이들이다. 이들은 투자를 하면서도 직업 생활은 계속했다. 직업이 변호사, 의사, 치과의사, 중소기업 운영자 등 다양하지만 모두들 워런 버핏 회사의 주식을 더 사는 것을 평생의 투자 전략으로 삼았다.

이들은 현재 억만장자이거나 그보다 더 부유하다. 이 중 대기업 수장으로 거론되는 사람은 아무도 없다. 그저 워런 버핏의 말을 따라 주식을 한번 사면 절대 팔지 않은 주주들일 뿐이다. "나는 주식을 사면 절대 팔지 않는다. 좋은 주식을 사서 좋을 때나 나쁠 때나 성장하게 내버려 둔다." 버핏이 직접 말했듯 좋은 주식을 사서 팔지 않는 것, 이것이 그의 유일한 전략이다. 이 전략으로 세계 역사상 세 번째 갑부가 되었다.

기술상의 시간이라는 덫

일곱 번째는 기술상의 시간이라는 덫에서 빠져나오는 것이다. 수많은 기업이 현대 기술에 발맞추지 못한 탓에 파산을 맞았다. 사람들은 경쟁자들이 완전히 새로운 기술로 성공하고 있어도 자신의 기술은 한물간 구식이라는 사실을 자각하지 못한다. 그러다 게임에서 뒤쫓아야 하는 입장에 놓인다. 살아남으려면 완전히 새로운 기술을 도입해야 한다. 성공한 기업은 모두 끊임없이 기술을 업그레이드하고 있다.

더 빠르고 더 뛰어나고 더 저렴하고 더 쉽고 더 호환성 좋은 상품과 서비스를 내놓는 신흥 경쟁자들을 상대하는 기존 기업은 구식 기술을 활용하면서 기술상의 시간의 덫에 걸려들기 쉽다. 안전지대 때문에 계속 구식 방식을 고집하는 것이다.

당신이 지금 구식 기술의 덫에 걸려 있다면, 기술을 업그레이드할 능력이나 의지나 자금이 없다면 얼마 가지 못할 기술에 매달리고 있는 셈이다. 이것은 선택의 문제가 아니다. '할까? 말까?' 하며 망설일 문제가 아니다. 최대 경쟁자와 비교해서 그에 필적하거나 더 뛰어나지 못하면 당신의 시간도 당신의 사업도 거의 끝난 것이다.

앞에서 얘기했다시피 또 하나의 기술적 덫은 이메일에

걸려드는 것이다. 이 덫에 빠지면 자꾸만 컴퓨터를 들여다 보게 된다. 내 회사에서는(지금은 파트너에게 매각한 상태다) 38 명의 직원이 첨단기술에 기반한 마케팅 업무를 맡았는데 대부분의 시간 동안 휴대폰 전원을 꺼놓아야 했다. 이메일 알림도 꺼야 했다. 자신들의 성공을 좌우할 한 가지 일, 즉 더 많은 상품을 판매하고 더 많은 판매를 유발하는 업무에 전적으로 매진해야 하기에 모든 기술을 차단하도록 조치한 것이다.

앞서 지적했지만 요즘엔 근무 시간 중 낭비되는 시간이 50퍼센트에 이른다. 시간 낭비의 최대 주범은 동료들과의 잡담이다. 두 번째 주범은 자꾸만 컴퓨터를 들여다보며 하루 종일 이메일을 확인하는 것이다. 이러면 퇴근할 무렵 어떻게 될까? 몸은 피곤한데 뭐 하나 제대로 마친 일은 없다. 그래서 언젠가섬으로 떠난다. '이 일은 내일 하고, 저 일은 다음 주에 하자.' 그러다 나중에는 이것이 습관이 되고 당신의 생산성이 어느 정도인지 모두에게 드러난다.

업무를 쪼갠다

여덟 번째 아이디어인 업무 쪼개기는 시간 관리 전문가들이 발전시켜온 비결이다. 큰 단위의 업무를 여러 단위로 작게 나누어 한 번에 하나씩 수행하면 된다. 이와 관련해서 알 만한 사람은 다 아는 유명한 질문이 있다. '코끼리를 어떻게 먹을 것인가?'

답은 한 번에 한 입씩이다. 헨리 포드의 명언을 명심하라. "세상에서 가장 큰 목표라고 해도 작은 단위로 적절히 나누어 한 번에 하나씩 행하며 한 번에 한 걸음씩 나아가면 성취할 수 있다."

바로 이것이 비결이다. 업무를 작은 단위로 나눠라. 작은 단위의 일 하나를 수행하면 동기를 자극하기가 훨씬 쉽기 때문이다. 심지어 그 일이 작은 단위로 나누는 목록을 짜는 일이더라도. 이런 목록 짜기는 건설적으로 행동하는 첫걸음을 떼도록 자극해준다. 그 첫걸음을 내딛으면 긍정적 피드백이 생기며 엔도르핀이 분출되면서 만족감을 느끼게 된다. 그러면 두 번째와 세 번째 일에 바로 착수하고픈 의욕이 솟으면서 금세 속도가 붙을 것이다.

사람들이 다가와 점심을 먹자고 하면 '지금은 안 되겠는데. 이 일을 마저 끝내려고 하거든. 점심은 일하면서 먹어야겠어'라고 대답하게 될 것이다. 마쳐야 할 작은 일들이 아주 많아지면서 시간을 낭비할 수 없는 온갖 이유가 떠오르게 된다.

긴박감을 일으키는 강력한 주문

생산적인 사람들은 대부분 긴박감을 느낀다. 일에 빠르게 착수한다. 아이디어가 떠오르면 바로 실행하고, 책을 읽다가 우연히 어떤 통찰이나 전략 원칙을 발견하면 즉시 행동을 취한다. 하던 일을 멈추고 당장 행동한다.

'지금 당장 행동해.' 이것은 당신이 활용할 수 있는 가장 강력한 주문이다. 이 말을 되풀이해 읊으면 잠재의식적 사고 속에 더욱더 깊숙이 각인된다. 일을 미루는 경향이 있다면 이렇게 말해보라. '잠깐. 지금 당장 행동해.'

스스로를 몰아붙여라. 당신이 당신 자신의 치어리더가 되어 행동을 시작하도록 의욕을 북돋워줘라.

'지금 당장 해'는 긴박감을 일으키는 신통한 말이다. 내가 경력의 초기에 앞서 말한 사장 밑에서 일할 때 빠르게 승진한 원동력은 사장이 무슨 일을 시키든 바로 시작해서 완수해낸 것이다. 사무실 건물 전체에 일을 맡길 수 있는 직원이 수두룩했는데도 빨리 처리되길 바라는 일이 있으면 나에게 맡겼다. "나한텐 이런 일을 맡길 수 있는 사람이 많지만 빨리 처리하고 싶은 일이 있으면 브라이언에게 맡기네."

어느 날 사장이 내게 와서 부동산 소유주 2, 3명, 회사 직원 2명을 따라 네바다주 리노의 부동산을 살펴보고 오라고 했다. 그 부동산은 리노가 훤히 내려다보이는 수백만 달러 상당의 땅이었고 전망이 아주 좋아서 주택 단지를 개발하기에 적합해 보였다. 경치가 기가 막혔고 주변이 푸르렀다. 수원지도 있어서 부동산 소유주들은 그 땅을 수백만 달러에 팔고 싶어 했다.

땅이 아주 괜찮아 보였기 때문에 담당자는 회사로 돌아와 사장에게 그 땅을 꼭 사야 한다고 보고했다. 사장은 계약금으로 100만 달러 수표를 썼다. 그 뒤 사장이 내게 말했다. "브라이언, 방금 그 땅을 구입했으니 이제는 개발을 해야겠네."

적절한 도급업자들을 선별해 개발 팀을 꾸리는 일에 착수하라는 얘기였다. 당시 나는 이미 그런 일을 해낼 만한 능력을 키워놓았다. 목록을 작성하고 작은 단위로 일을 나누는 목록까지 만든 다음 일에 착수해서 신속하게 움직이면 되었다. 사장은 이렇게 덧붙였다. "자네가 이 프로젝트에 착수해준다면 정말 고맙겠네."

당장 리노로 갔다. 당시 나는 캐나다 앨버타주의 에드먼턴에서 살고 있어서 리노까지는 약 1609킬로미터를 가야 했다. 도착 후 부동산 소유주들과의 매매 계약을 처리해줄 변호사를 만나러 가서 말했다. "그 부동산 개발에 착수하려고 왔어요. 혹시 저에게 해주실 만한 조언이 있나요?"

그 변호사는 아주 친절한 사람이었는데, 내 질문에 입을 꾹 닫았다. 그래서 다시 물었다. "무슨 문제가 있나요?"

"이 부동산의 개발 잠재성에 대해 누구하고든 얘길 나눠보셨나요?"

"아뇨. 이곳보다 더 평평한 부지이긴 하지만 제가 여러 건의 부동산 개발을 해봐서 주거용 부지 개발에 대해서는 좀 아는 편이라서요."

"최종 결정을 하기 전에 이 부지를 누구보다 잘 아는 사람과 얘기해보시는 게 어떨까요?"

변호사는 한 수력 엔지니어를 추천했다. 그는 엔지니어가 리노에서 80킬로미터쯤 떨어진 소도시에 살고 있다며 이렇게 말했다. "뭘 물어보든 모두 대답해주실 수 있는 분입니다. 그 부동산 개발에 관해서 알아야 할 것들을 알려주실 거예요."

나는 똑똑하게 일을 처리하려면 해당 분야에 정말로 정통한 사람들과 이야기해야 한다는 사실을 깨닫고 렌터카를 빌렸다. 겨울이라 빙판과 눈으로 덮인 미끄러운 도로를 운전해야 했다. 소도시에 도착해서 엔지니어의 자택 작업실을 찾아가 내 소개를 했다. "이 부동산 개발 업무를 맡은 사람입니다."

그 엔지니어는 정말로 친절했는데 상체를 뒤로 젖히며 나에게 이랬다. "브라이언, 그 부동산은 절대 개발하지 말아요. 그 땅엔 물이 없어요."

같이 지도를 펼쳐놓고 보면서 이야기 나누던 중 그 말을 듣고 내가 대꾸했다. "잠깐만요. 거기 갔을 때 사람들이 물이 있는 곳을 보여주었는데요."

"그 사람들이 자신들이 팔려는 곳 인근 토지의 수원지를 보여준 겁니다. 그 땅은 매물로 나온 지가 몇 년이나 됐어요. 사실 리노 인근에서는 그 땅주인들이 땅을 사려는 호구를 찾았다는 소문이 나돌고 있어요. 당신네들이 그 토지를 사면 100년 동안 개발하지도 못할 땅을 갖게 되는 겁니다."

"정말입니까?"

"내 말을 믿거나 말거나는 자유지만 내가 그 토지에 온갖 수력공학을 적용해봤는데 그곳엔 물이 없어요. 지금도 그렇고, 앞으로도요."

그래서 나는 변호사를 다시 찾아갔다. 변호사는 그전에 우리 회사로부터 100만 달러짜리 수표를 받아 자신의 신탁기금에 넣어두었고, 사장은 나에게 변호사의 신탁기금에 있는 그 돈을 판매자들에게 전하고 거래를 매듭지으라고 지시한 터였다.

변호사에게 말했다. "수표를 돌려주셨으면 합니다."

변호사는 나를 보며 말했다. "다행히 아셨군요. 이 거래의 중개를 맡고 마음이 불편했어요. 쓸모없고 개발도 못 할 토지를 외지인을 속여서 팔려 한다는 걸 알았거든요."

그날은 그 토지의 거래를 체결하기로 한 날이었다. 5시면 변호사의 신탁기금에 있던 100만 달러가 매도자들에게 전달될 예정이었다. 나는 5시 5분 전에 변호사 사무실에 들어가 수표 반환을 요구했고 변호사는 지불 보증수표를 써 주었다. 전날 밤에 리노에 와서 하루 종일 운전하고 다니며 일한 나는 마지막 비행기를 타고 돌아왔다. 돌아오자마자 사장에게 전화하여 자초지종을 얘기했다.

"거래 체결일 하루 전에 그곳에 가겠다고 결정했던 게 좋은 생각이었군 그래. 사실, 나는 자네가 다음 주쯤이나 갈 줄로 예상했는데 말이야. 일찍 다녀와서 고맙네."

그날 이후 나는 회사에서 가장 가치 있는 사람 중 한 명이 되었다. 내 사무실과 부하 직원들이 생겼고 대형 개발 사업과 기업 거래를 맡으며 이루 말할 수 없이 멋진 나날을 보냈다. 이 거대한 다국적기업에서 뭔가를 처리하고 싶으면 해결사 같은 브라이언에게 맡기면 된다는 평판도 얻었다.

『당신의 무기는 무엇인가Victory』라는 책에서 작은 군사력으로 비범한 승리를 거두고 제국을 정복한 지도자들의 역사적 일화들을 소개했다. 나는 수적으로 열세인 군대가 적군 전선의 빈틈을 볼 수 있었던 결정적 요소는 긴박감이었다는 사실을 거듭거듭 발견했다. 이들 군대가 2시간쯤 꾸물거렸다면 그 기회의 문은 닫혔을 것이고 결국 패배했을 것이다. 한 명도 목숨을 건지지 못하고 패전을 맞았을 것이다.

한 번에 하나씩만 한다

사방에서 방해물이 끼어드는 오늘날의 기술 세계에서, 사람들은 자신이 멀티태스킹에 뛰어나다고 자부한다. '이봐, 나도 누구 못지않게 멀티태스킹에 능하다고.'

하지만 모든 조사에서 한결같이 나타난 결과에 따르면, 어떤 사람이든 한 번에 하나의 일만 할 수 있다. 그것이 내가 언제나 정신을 집중하고 전념해서 하나의 일만 처리해온 이유다.

책을 읽는 동시에 TV를 보려 한다고 치자. 그럼 TV로 읽고 있는 책으로 정신이 왔다 갔다 하게 된다. 전화 통화를 하면서 동시에 TV를 보려 한다면 어떨까? 인간의 뇌는 구조상 연속적으로 천 개의 일도 할 수 있지만, 그 대신 한 번에 하나씩만 처리할 수 있다.

사람들이 말하는 멀티태스킹은 사실상 이 일 저 일을 옮겨 다니는 것이다. 총으로 표적을 맞히고 싶은데 표적이 여러 개라고 해보자. 이때는 한 번에 하나씩의 표적만 쏠 수 있다. 표적 여러 개를 동시에 쏠 수는 없다. 연속으로 여러 표적에 총을 쏠 수는 있지만 멈추었다가 겨냥한 후 발사해야 하고, 다시 멈추었다가 이동해서 겨냥한 후 발사해야 한다. 동작을 빠르게 할 수는 있지만 매번 멈추었다가 다시 시작해야 한다.

오늘날 직장인들은 어떤 식으로 멀티태스킹을 할까? 우리는 일을 하다 말고 이메일에 답장하기 일쑤다. 이메일은 가장 큰 방해꾼이다. 아니, 사실 가장 큰 방해꾼은 타인들이다. 직업의 세계에서 시간 낭비의 최대 주범은 자신의 시간을 귀하게 여기지 않으면서 당신과 잡담을 나누고 싶어서 다가오는 사람들이다. 이런 사람들은 어쨌든 근무 시간이 놀이 시간이기 때문에 자신의 무료함을 깨고 싶어 한다. 때로는 겨우 몇 분 일하고 이제 할 만큼 했다고 느끼기도 한다. 이들로선 이제는 놀 시간이고, 당신의 경력을 망칠 시간인 것이다.

당신의 경력에 가장 해로운 사람들은 당신의 시간을 귀하게 여기지 않는 이들이다. 최대의 시간 낭비꾼인 이들은 다가와서 이렇게 말한다. '어이, 시간 있어?', '내가 방금 재미있는 얘길 봤는데 말이야', '어제 저녁에 TV에서 그거 봤어?'

어떤 얘기이든 간에 그렇게 건네는 말들은 당신의 시간을 낭비할 이유나 방법일 뿐이다. 거절하는 법을 배워야 한다. 이렇게 말하라. '나도 지금 얘기하면 좋겠는데 정말 바빠서. 이 일을 끝내야 하거든.'

그러면 '전이 시간' 때문에 한 번에 하나씩의 일을 하게 된다. 전이 시간이란 하나의 일을 하다 말고 다른 일로 넘어갔다가 다시 하던 일을 시작해서 마치는 데 걸리는 시간이다.

나는 1년에 4권의 책을 쓴다. 전문 전업 작가들은 평균적으로 2, 3년에 1권씩 쓰는데 나는 어떻게 그렇게 많은 책을 쓰는지 궁금한가?

내가 터득한 바로는 책을 쓰기 시작했을 때 다른 일을 하다가 다시 글을 쓰면 그때까지 쓴 내용을 다시 읽어봐야 한다. 완전히 다시 정리해야 한다. '내가 뭘 썼지? 아직 쓰지 않은 게 뭐지? 어디까지 썼더라?' 다시 시작해서 정리한 다음에야 다음 글을 이어 쓸 수 있다. 쓰다가 멈추면 다시 글을 쓰기 위해 앞부분으로 돌아가서 그때까지 쓴 원고를 짚어봐야 한다는 얘기다. 내가 하던 일로 되돌아가는 데 평균 17분이 걸린다고 말하는 이유가 여기에 있다. 때로는 17분만으로 끝나지 않는다. 옆길로 새거나 멀티태스킹을 시도하다 그날이나 그 주 내내 하던 일을 아예 중단하기도 한다.

때때로 연습장에 초고만 쓰는 날도 있는데, 이틀 동안 여러 사업가들에게 강의할 때는 초고 작업으로도 충분하다. 이 초고를 정리하는 데는 하루나 이틀이 걸린다. 이때는 책상에 머리를 박고 앉아서 모든 일에 신경을 끄고 글만 쓴다. 경우에 따라 하루에 한두 번 정도 이메일을 확인하지만 다른 일은 하지 않는다. 매진하고 집중한다. 중간에 멈추지 않고 글을 쓰며, 그 덕분에 더 많은 원고를 더 빨리 쓴다.

이런 방식으로 일하면 더 좋은 성과를 내기가 갈수록 쉬워진다. 만족감이 늘고 당신의 삶과 활동에 대한 통제감도 커진다. 더 많은 일을, 지금 당신이 상상할 수 있는 수준보다 더 빠르게, 더 뛰어나게 해내게 된다. 단, 멀티태스킹에 대한 생각은 접어둬야 한다. 멀티태스킹이란 것은 존재하지 않기 때문이다. 환상일 뿐이다. 인간은 멀티태스킹을 할 수 없다.

물론 차를 운전하면서 라디오 뉴스를 들을 수는 있다. 2가지 일이 완전히 다른 감각 정보를 입력하기 때문이다. 운전을 하려면 신체적 정보 입력이 필요하고, 뉴스를 들으려면 정신적 정보 입력이 필요하다. 혹은 운전하며 아내나 가족 생각을 하는 경우를 떠올려보자. 그것은 감정과 관련된 일이다. 이처럼 완전히 다른 뇌 영역이 필요한 일들을 하는 것은 가능하지만 서로 다른 유형의 일들을 동시에 할 수는 없다. 한 가지만 할 수 있다.

일을 하나씩 하며 가장 중요한 일부터 시작하고 완전히 체계화하여 체크리스트를 활용해 착착 해나가면서 완수할 때까지 끈기를 발휘하면 당신은 평균적인 사람들보다 10배 이상의 성취를 이루어낼 것이다. 나중엔 급여도 10배 이상 받게 된다. 당신의 생산성이 아주 뛰어나므로 더 많은 급여를 받을 수 있을 것이다.

앞에서도 얘기했다시피 사장이 회사를 매각했을 때 나는 다른 회사 사장으로부터 예전에 받던 급여의 3배를 주겠다는 영입 제안을 받았다. 나중에 내가 그 사장에게 물었다. "저를 채용하기로 결정하신 이유가 뭡니까?"

"굉장히 많은 일을 처리해냈다는 자네의 평판이 온 도시에 퍼져 있었기 때문이지. 우리 회사는 많은 프로젝트를 진행하고 있네. 프로젝트를 맡은 사람이 굉장히 많은데 뭐 하나 제대로 완수되는 게 없었어. 그래서 자네를 채용하면 이 모든 프로젝트가 잘될 거라고 확신했지."

내가 그 회사에서 가장 먼저 한 일은 회사를 전면적으로 검토해서 직원들 중 절반을 해고한 일이었다. 이들이 해고 대상에 오른 이유는 동료들과 잡담을 나누고 전화로 수다를 떨고 점심을 먹으러 나다니며 멀티태스킹에 빠져 있었기 때문이었다. 해고 통보를 받은 직원이 격분하면서 한바탕 큰 폭풍우가 몰아쳤지만 나는 그 폭풍우의 잔해와 많은 시간을 허비하던 부실 직원들을 정리했고 회사의 사세도 반전시켰다. 한 가지에만 집중하는 방식만으로 회사는 수억 달러 상당의 부동산을 개발했고 여러 공장과 사업체를 인수했다.

생산성을 향상시키는 10가지 방법

이쯤에서 이번 장에서 살펴본 여러 방법을 정리해보자.

1. 모든 일에 80/20 법칙 적용하기
2. ABCDE 방법을 지속적으로 활용하기
3. 3의 법칙 활용하기
4. 핵심적 기술 업그레이드하기

5. 자신의 특별한 재능 이용하기

6. 자신의 핵심적 제약 찾아내기

7. 기술상의 시간의 덫에서 벗어나기

8. 업무 쪼개기

9. 긴박감 키우기

10. 모든 일을 하나씩 처리하기

나에게 한 가지 방법을 강조하라고 한다면 목록을 짜라고 말하겠다. 목록이 없으면 허공에서 헤엄치는 셈이다. 목록을 짜서 가장 우선시해야 할 10대 목표를 적은 후 자문해보라. '이 중에서 완수할 경우 내 삶에 가장 큰 긍정적 영향을 미칠 목표는 뭘까?'

답을 찾으면 그 목표에 동그라미를 치고 이렇게 물어보라. '목표 성취에 다가서기 위해서 지금 당장 할 수 있는 활동 한 가지는 뭘까?'

그리고 그 답을 글로 적으라.

그다음에는 행동을 취해 그 하나의 목표를 완수할 때까지 노력하라. 그러면 당신의 분야에서 가장 급여가 높고 가장 성공하고 가장 행복한 사람들의 대열에 들게 될 것이다.

CHAPTER 6

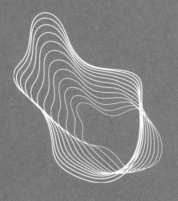

행동을 일으키는
동기

이번 장에서는 생산성의 최대 적인 꾸물대기의 근원에 대해 다루려 한다. 꾸물대기는 할 일을 언제까지고 언젠가섬에 미뤄두는 기술이다.

사람들이 꾸물거리는 가장 큰 이유는 어떤 일을 시작해서 완수하는 것에 대해 긴박감을 느끼지 않기 때문이다. 걸어서 길을 건너는데 당신 쪽으로 자동차 경적 소리와 타이어 미끄러지는 소리가 들려오면 바로 몸을 움직이기 마련이다. 자세를 잡고 차분하게 앉아서 시간을 잘 활용하는 방법을 따지거나 80/20 법칙을 적용하고 있을 필요가 없다. 아주 긴박한 상황이기 때문에 즉각적으로 움직이게 된다.

사람들이 부실한 성과를 내거나 아예 성과를 내지 못하는 이유는 목표가 없기 때문이다. 목표를 글로 적어두지 않거나, 체계성이 없거나, 체크리스트로 계획을 세분화하지 않기 때문이다. 그 결과 자신도 모르는 사이에 꾸물거림에 빠져든다. 조금 있다가, 이따가 오전 중에, 오후에 하자는 식으로 미루게 된다. '저녁 먹기 전에 하지 뭐', '밀린 일은 주말에 처리하면 돼.'

시간을 질질 끄는 것이다. 그 일을 하지 않으면 직장이나 돈을 잃게 생겼다는 다급함이 들기 전까지 일을 미루면 습관이 된다. 그렇게 미루다 갑자기 떠밀리듯 행동에 나서면 어떻게 될까? 실수를 저지르고 만다. 시간을 갖고 차분히 생각해서 체계를 갖추어 제때 했다면 저지르지도 않았을 뼈아픈 실수를 한다. 사람들은 툭하면 이런다. '빌어먹을, 시간을 갖고 차분히 생각해서 했다면 그런 식으로 하지 않았을 텐데.'

꾸물거림을 극복하는 방법은 간단하다. 습관으로 굳어지기 전에 즉시 할 일을 하면 된다. 계획을 짜서 그대로 일하고, 가장 중요한 일부터 바로바로 처리하는 습관을 키워라.

내 삶을 결정지은 주요 역할을 했던 질문 중 하나는 다음과 같다. '실패하지 않는다는 확신이 있다면 대담하게 꿈꿔볼 만한 중요한 일 한 가지는 뭘까? 성공이 보장되어 있다면 어떤 목표를 세우고 싶은가?'

나는 목표 세우기를 다룰 때 사람들에게 10개의 목표를 적게 한 다음 이렇게 묻는다. "24시간 이내에 이 목표들 중 뭐든 하나를 해낼 수 있다고 가정하면 무엇이 삶에 가장 긍정적인 영향을 미칠 것 같나요?"

그 목표가 무엇인지 가려내서 적고, 이루기 위해 할 수 있는 일들을 목록으로 작성하라. 그다음엔 목록을 우선순위에 따라 정리하라.

20세기 초 최고의 부자로 꼽히던 찰스 M. 슈와브^{Charles M. Schwab}에 관한 유명한 일화가 있다(투자의 귀재인 찰스 R. 슈와브와는 다른 사람이다). 베들레헴 철강^{Bethlehem Steel}의 사장이었던 슈와브는 1918년에 임원들의 생산성을 높이고 싶어서 초기 PR의 선구자로 꼽히던 아이비 리^{Ivy Lee}라는 유명 인물을 고문으로 영입했다.

전하는 이야기에 따르면 리가 찾아오자 슈와브는 더 많은 성과를 낼 방법을 물었다.

"저를 임원진과 15분 정도 함께 있게 해주세요." 리가 말했다.

"그럼 고문 비용은 얼마인가요?"

"없습니다. 제 일이 마음에 드시면 3개월 후 제 조언에 합당하다고 생각되는 비용을 보내주시면 됩니다."

아이비 리가 임원진에게 한 조언은 다음과 같았다.

1. 근무일마다 일을 마치면 내일 성취해야 할 가장 중
   요한 일 6개를 적어라. 딱 6개만 써야 한다.
2. 이 6개의 중요도에 따라 우선순위를 매겨라.
3. 다음 날 출근하면 그중 첫 번째 일에만 집중하라.
   첫 번째 일을 끝내고 나서 두 번째 일로 넘어가라.
4. 나머지 일들도 똑같이 순서대로 수행하라. 퇴근할
   때까지 마치지 못한 일이 있다면 다음 날 수행할
   6개의 일로 넘겨라.
5. 이 업무 처리 방식을 매일 반복하라.

3개월 후 슈와브는 아이비 리에게 2만 5000달러짜리 수
표를 보냈다. 이 금액은 2019년 기준으로 환산하면 47만
3000달러에 상당한다.

주의 깊게 생각해서 가장 중요한 일을 가려내는 이 방식
은 꾸물거리기를 해결하는 데 가장 효과적이다. 가장 도움
이 될 한 가지 일, 가장 중요한 목표의 달성 속도를 좌우할
만한 한 가지 활동을 가려내라. 그 일을 시작해서 마칠 때
까지 그 일에만 전념하도록 단련하라. 자신을 잘 단련하고

이것을 가장 중요한 업무 습관으로 삼으면 당신은 성공을 거둘 것이며, 부자가 될 수도 있다.

긍정적 모습을 들려준다

나는 예전부터 자기암시를 열렬하게 지지해왔다. 잠재의식적 사고는 당신이 스스로에게 하는 말과 스스로 믿는 것은 뭐든 다 받아들인다. 이 분야에서 나에게 처음 깨달음을 준 스승은 "자기 스스로에게 하는 말인 자기암시를 활용하면 무한대의 잠재력을 갖게 된다"라고 했다. 절대 잊지 못할 명언이었다.

너무도 안타까운 노릇이지만 사람들의 80퍼센트는 자신에 대해 부정적으로 얘기한다(여기에서도 80/20 법칙이 적용된다). 이런 식으로 말한다. '난 맨날 늦어', '난 뭘 하든 끝까지 하질 못해', '나는 시간에 쫓기면서 살아.' 이렇게 자신을 과소평가하며 부정적 자기암시를 해서 미래를 망친다.

나는 내가 되길 바라는 대로 스스로에게 말하는 요령을 터득했다. 그중 하나는 다음의 자기암시다. '나는 언제나 당장 행동해. 나는 언제나 일을 하면 끝을 내.'

실수하는 바람에 뒤처져서 일을 못 끝내면 이런다. '이건 나답지 않아. 난 언제나 일을 하면 끝내는 사람이야. 다음

엔 더 잘하겠어. 다음엔 제때 끝낼 거야. 다음엔 더 일찍 시작해서 끈기 있게 매달려서 끝낼 거야.'

언제나 '다음엔'이라는 마법의 말을 활용하라. 그러면 부정적인 행동 습관을 키우는 성향이 상쇄된다. 언제나 미래에 이루어지기를 바라는 대로 스스로에게 말하라. '나는 내가 좋아. 난 할 수 있어. 난 나를 믿어. 나는 최고야.' 당신의 잠재의식적 사고는 이 말을 명령으로 받아들인 후 당신의 생각, 느낌, 행동을 이 말과 일치되게 체계화한다.

가장 힘든 일부터 시작한다

지금부터는 꾸물거림을 극복할 7가지 방법을 이야기하겠다. 첫 번째 방법은 가장 싫은 일부터 먼저 하기다. 앞에서 얘기했던 것처럼 '개구리를 먹어라.' 그것도 징그러운 개구리부터 먼저 먹어라. 내 친구 로버트 앨런의 표현을 빌리자면, 가장 싫은 일을 가장 먼저 하면 된다. 꾸물거릴 가능성이 가장 높은 동시에 일단 시작해서 완수하면 당신의 삶을 가장 크게 변화시켜줄 만한 한 가지 일을 행하라.

그 일은 무엇인가? 대부분은 만만치 않은 일이다. 싫은 일이고 힘든 일이다. 미국에서는 성인의 약 65퍼센트가 언젠가 자기 사업을 하겠다는 꿈을 꾸지만 실행에 옮기는 사람은 1퍼센트에 불과하다. 사람들이 사업을 시작하지 못하는 이유는 어떻게 해야 할지 모르기 때문이다. 현재 미국의 사업체 수는 3000만 개이며 이 중 상당수는 사업을 처음 해보는 사람들이 창업했다.

다시 말해 누구나 다 배워서 해야 한다는 얘기인데, 사실 사업은 일련의 단계를 단순하게 따라 하면 시작할 수 있다. 나는 창업과 관련된 책을 여러 권 썼는데 몇 년쯤 지나자 나를 찾아와 이렇게 말하는 사람들이 생겼다. '서점에서 선생님의 책을 발견하고 읽었어요. 저는 창의성을 발휘하려고 애쓰지 않았어요. 그저 선생님이 하라는 대로 했어요. 각 장에서 알려주신 대로 단계별로 따라 했어요. 저는 사업을 크게 성공시켰어요. 꿈도 못 꿔봤던 큰돈을 벌고 있고 이제는 부자예요. 행복을 느끼며 살고 있어요. 그저 그 청사진을 따랐을 뿐인데도요.'

한편 성인의 84퍼센트가 언젠가 책을 쓰고 싶다는 꿈을 꾼다. 어마어마한 비율이다. 최근에 나는 어떤 사람과 함께 차를 타고 가다가 말했다. "성인의 84퍼센트가 마음속에 책 한 권을 품고 있다고 여기지만 정작 1퍼센트만이 자리 잡고 앉아 글을 쓰기 시작한다는 거 알아요?"

내 말에 그가 말했다. "저도 마음속에 책 한 권을 품고 있어요. 언젠가 책을 쓰고 싶어요."

"모든 사람이 언젠가 책을 쓰고 싶어 해요. 왜 지금 쓰지 않을까요? 시작하지 않기 때문이에요."

첫 번째 책을 쓰고 싶었을 때 나는 서점에 가서 책 쓰는 요령을 설명하는 책들을 모조리 샀다. 시간 짜는 법, 주제 정리법, 내용 배치법 등을 알려주는 책들이었다. 저자들은 모두 전문 작가였고, 대부분 크게 성공한 인물들이었다. 각기 다른 분야에서 다양한 내용의 책을 많이 펴낸 실력자들이었다.

단계별로 체크리스트를 짜놓고 글을 쓰기 시작했다. 상당한 시간이 걸리긴 했지만 첫 번째 책을 다 쓰자 두 번째 책과 세 번째 책도 이어서 쓸 수 있었다. 그러다 출판과 판매에 대해 아주 놀라운 사실을 발견했다. 출판사들은 대략 90일 동안 약간의 홍보를 해주고는 다음 책으로 관심을 옮긴다는 점이었다.

대다수 출판사는 여러 브랜드로 1년에 수백 종의 책을 출간한다. 그리고 출간 후 90일이 지나면 아무도 당신을 도와주지 않는다. 라디오 방송국이나 서점에 가도 이렇게들 말한다. "그게 언제 나온 책인데요?"

"4월요."

"죄송합니다. 지금은 8월이고 시기가 너무 늦네요." 그러면서 인터뷰를 해주지도, 사인회에 초청하지도 않는다. 아무것도 안 해준다.

나는 이렇게 말했다. "90일 내에 책이 성공하면 큰 인기를 끌고, 성공하지 못하면 다들 그 책을 잊어버리네요. 제가 광고 대리업자에게 한 달에 5000달러를 내고 인터뷰를 따내겠습니다." 어떤 책을 사람들에게 알리고 그들의 마음을 움직이는 유일한 방법은 인터뷰뿐이다. 누군가가 이 책이 좋다고 말해줘야 한다. 누군가가 이 책을 소개하며 사람들에게 얘기해주거나 저자를 인터뷰해 직접 책에 대해 얘기해달라고 요청해야만 한다.

인터뷰에는 기술이 필요하다. 인터뷰를 했는데 아무 일도 일어나지 않기도 하고 24시간이 지나지 않아 시내의 모든 서점에서 책이 팔려나가기도 한다. 결과는 전적으로 저자가 인터뷰에서 어떤 말을 하느냐에 달려 있다. 대다수 사람들은 내 책을 미리 읽어본 적이 없기 때문에 내가 하는 얘기를 잘 모른다.

어쨌든 나는 이렇게 말했다. "저는 90일마다 책 한 권을 쓰고 그 책을 사람들의 마음속에 전하기 위해, 그 책에 다리를 달아주기 위해 열심히 노력할 생각입니다. 그리고 그 책이 잘되지 않으면 또 다른 책을 쓰려고 합니다."

사람들은 이렇게 반응했다. "말도 안 돼요. 그게 되겠어요?"

하지만 가장 최근에 쓴 책을 홍보하는 90일 동안 흐트러지지 않고 글의 소재를 모으며 다음 책을 쓸 수 있도록 나만의 체계를 따랐다. 그렇게 해서 때때로 1년에 5, 6권의 책을 출간하기도 했다. 그것도 차고에 복사기를 가져다 놓고 출간한 책들이 아니라 세계 최대 출판사에서 펴낸 책들이다. 당신도 그럴 수 있을까? 당연히 그렇다.

요령을 배우고 단계별로 계획을 짜서 한 번에 한 단계씩 해나가라. 그러다 보면 금세 더 많은 단계를 더 빠르고 더 쉽게 처리할 것이다. 생산성이 아주 높아져서 이런 말을 듣게 될 것이다. '무슨 영묘한 약이라도 마시거나 술이라도 드시나요? 아니면 특별히 뭘 드시나요? 어떻게 그렇게 생산성이 뛰어나세요?'

그 비결은 자신에게 가장 중요한 일을 기준으로 생각하고 결정하는 것이다. 이후 책상에 머리를 박고 앉아 일을 끝낼 때까지 중간에 멈추지 않고 노력하면 된다. 당신도 이렇게 하면 더 똑똑하고, 더 빠르고, 더 유능해질 것이다. 만족감이 커지고 더 부유해지기도 할 것이다.

두려움으로 동기를 자극한다

꾸물거림을 극복하는 또 하나의 방법은 그 일을 끝내지 않으면 초래될 부정적 결과를 생각하는 것이다.

스스로 그 일에 착수하기 위해 가능한 한 온갖 정신적 묘수를 동원해야 한다. 우리는 아주 바쁘고 여기저기 정신을 빼앗기기 때문에 누구에게나 가장 힘든 일이다.

좋은 방법 중 하나는 다음과 같이 생각하는 것이다. '이 일을 하지 않으면 어떻게 될까?'

대학 강의를 들으면 강의 초반에 교수가 성적의 50퍼센트를 기말 리포트로 결정할 거라고 얘기하는 게 보통이다. 따라서 뜸을 들이며 미루면 안 된다. 꾸물거려선 안 된다. 기말 리포트는 지정된 날짜에 교수의 사무실에 놓여 있어야 하니 부지런히 자료를 조사해 리포트를 쓰기 시작하라. 안 그러면 낙제하게 된다.

'예, 예, 예. 맞는 말이에요.' 사람들은 말로는 동의한다. 하지만 실제로 기말 리포트를 쓰는 시간은 대체로 언제인가? 바로 제출일 전날 밤이다. 밤새 커피를 마시며 쓰기 십상이다.

나도 여러 주제에 대해 몇 편의 리포트를 써내야 했던 적이 있다. 항상 리포트 마감 전날 밤에 식탁에 앉아서 글을 쓰는 데 필요한 물건만 남기고 모두 치워놓고선 커피포트를 켜놓고 밤새 커피를 마시며 썼다. 그렇게 밤을 새워 리포트를 쓰고는 부랴부랴 학교로 달려가 오전 8시까지 교수실 문 아래쪽으로 밀어 넣어 그 과목의 낙제를 면하곤 했다.

간단히 말하면 이 일을 마치지 않을 경우 일어날 부정적인 결과를 생각하면서 스스로 동기를 자극하라는 얘기다. 금전적으로 얼마나 큰 대가를 치르게 될까? 승진과 경력에 얼마나 큰 대가가 뒤따를까? 때로는 이런 심각한 대가에 대한 두려움이 일을 마치도록 동기를 자극한다.

얻게 될 이득을 생각한다

세 번째 방법은 앞의 방법과는 반대로, 그 직무나 일을 수행하여 얻을 수 있는 이득을 따져보는 것이다. 긍정적인 관점에서 이렇게 말해보라. '내가 이 직무를 정말로 잘해내면, 이 일을 아주 성공적으로 완수하면 내 경력은 어떻게 펼쳐질까? 어떤 이득을 얻을 수 있을까?'

나는 예전부터 이런 방식을 활용해왔다. 앞에서 여러 번 언급한 그 사장 밑에서 일하던 옛 시절에도 그가 "이 일을 자네가 좀 해줘야겠네"라고 지시하면 그 일을 하지 않으면 일어날 불리한 결과를 생각했다. 직장을 잃을 위험이 있었고, 일을 제대로 하지 않는 사람이란 평판을 얻을지도 몰랐다.

그것이 불리한 측면이라면 유리한 측면은 뭘까? 그 일을 맡아서 잘해내면 더 많은 기회를 더 빠르게 얻을 테고, 급여도 오를 터였다. 이처럼 그 일을 잘해내는 쪽이 내 경력에 도움이 된다면 업무를 더 맡자고 판단했고, 즉시 처리하기 위해 더 신속히 일을 진행하기로 했다. '사장이 앞으로 브라이언에게 맡기고 싶은 가장 중요한 업무가 뭐냐는 질문을 받는다면 어떻게 대답할까? 사장이 어떤 대답을 하면서 어떤 일을 맡기든 그 일을 수행하자. 당장 수행하자.'

작업 시간을 떼어놓는다

네 번째 방법은 하루 중 15분간 담당 프로젝트를 수행하는 지정 시간을 따로 떼어놓는 것이다.

내가 왜 시간을 15분으로 정했는지 궁금하지 않은가? 짧기 때문이다. 15분은 언제든 낼 수 있을 만한 시간이라 동기를 자극하기가 쉽다. 일단 시작하면 15분 동안은 쭉 일하게 된다. 타이머를 설정해서 15분 후에 타이머가 울리게 해놓으면 시간과 경주를 벌일 수도 있다. '15분 동안 일을 얼마만큼 할 수 있을까? 15분은 금방 가니까 그 후에는 다른 일들을 할 수 있어. 지금은 더 유용한 일을 하자.'

15분을 채워 일하고 나면 보통은 이런 생각이 든다. '15분 더 할까?' 대체로 열의가 솟는다. 신이 나고 일을 더 하고 싶어진다. 일을 미룰 수가 없어진다. 자존감과 자신감이 느껴지기 때문이다. 일단 시작해서 일의 일부를 마치면 만족감과 자부심이 든다.

이런 방식을 반복하면 금세 스스로 동기유발을 할 수 있다. 언제 어느 때든 스스로 열의를 북돋게 된다.

완벽주의를 뿌리친다

꾸물거림을 극복하는 다섯 번째 방법은 완벽주의 성향을 뿌리치는 것이다.

사람은 누구나 약간씩 완벽주의 성향이 있지만 흔히 이런 식으로 말한다. '시간이 부족해서 그 일을 완벽하게 할 수 없는 상황이라면 아예 하지를 말자. 시간이 충분해질 때까지 기다리자.'

내가 책을 쓰면서 터득한 바에 따르면 중요한 것은 글을 쓰는 게 아니다. 오히려 교정이 중요하다. 글은 누구든 쓸 수 있다. 특히 녹음기로 녹음할 수 있다면 글쓰기에 더 좋다. 그렇게 글을 써보라. 나도 처음엔 그렇게 했다. 전문가용 녹음기로 구술했다가 속기사에게 타이핑해달라고 한 경우도 많았다.

그다음엔 타이핑된 원고를 한 글자 한 글자 검토하며 정리했다. 그러고 나서도 또다시 검토하고 정리했다. 하다 보니 글을 쓴 후 5번쯤 고쳐 쓰는 것이 나에게는 딱 맞았다. 처음에 어떻게 써야 할지 걱정할 필요도 없다. 첫 글은 그저 종이에 적는 단계일 뿐이다. 바로 이 점이 글을 잘 쓰기 위한 열쇠다. 복잡한 일을 완수하는 열쇠이기도 하다. 일단 첫 글을 쓰고 나서 고쳐 쓰고 또 고쳐 쓰기를 반복하면 된다.

내 경험에 비추어보면 책을 쓸 때 일어나는 가장 신기한 일은, 원고를 다 썼을 때 느낌이 온다는 것이다. 안도감과 만족감이 느껴지면서 스스로 이렇게 말할 수 있다. '이 정도면 됐어. 이보다 더 잘 쓸 수는 없어.' 이런 느낌이 들면 글을 탈고해도 된다.

'이제 됐다'라는 그 느낌이 오는 단계에 이르지 못해서 최대 10번까지 고쳐 쓴 경우도 여러 번 있었다. 알고 보니 곡을 쓰거나 건물을 설계하는 등 창의적 활동을 하는 사람들도 이보다 더 잘할 수는 없다고 느끼는 순간을 경험한다고 한다. '여기까지가 내가 할 수 있는 전부야.' 이런 느낌이

들면 그쯤에서 멈춘다. 크게 심호흡을 하고 다음 프로젝트를 시작한다.

그럼에도 필요한 모든 지식에 통달할 때까지 프로젝트를 계속 미루고픈 유혹이 들 수도 있다. 그 정도까지 완벽주의를 추구한다면 그날은 절대 오지 않을 것이다.

다시 80/20 법칙을 활용해보자. 필요한 지식과 기술의 80퍼센트를 갖추고 있다면 일단 시작하자. 나머지 20퍼센트는 도중에 배우면서 채우면 된다. 이 훌륭한 아이디어를 활용해 완벽주의 성향을 뿌리쳐라.

압박감을 활용한다

완수에 대한 강요란 다음과 같이 자기 자신에게 압박을 가하는 것이다. '이제 일을 하자. 이제는 이 일을 끝내자. 이번 주 일요일 5시까지 이 프로젝트를 끝내고, 그 전까지는 다른 일은 하지 말자.'

업무에 매진하며 끊임없이 이렇게 말하라. '지금은 일을 하자. 이제는 이 일을 끝내자. 이 프로젝트를 당장 완수하자.'

계속 스스로에게 강요하라. '지금 당장 해. 지금 당장 해. 지금 당장 하라고.' 스스로에게 열의를 불어넣으라. 스스로 치어리더가 되어, 그 일을 완수해야만 하는 이유 대신 이것을 생각하라. '이 일을 끝내면 바로 나가서 저녁을 먹거나 휴가를 떠나자.' 스스로 동기를 유발하는 일은 중요하다. 당신에게는 당신 자신이 전부이기 때문이다.

어떤 회사에서는 직원들이 끝까지 밀고 나갔다면 차원이 다른 수익성을 끌어냈을 텐데 그러지 못하고 실패한 프로젝트가 너무 많다고 토로한다. '그 프로젝트에 무슨 문제가 생겼던 걸까요? 일에 착수해서 계획을 세우고 진행하고 있었는데 어쩌다 보니 표류하고 말았어요.'

이런 경우엔 중요한 요소가 한 가지 더 있다. 프로젝트를 완수하려면 성공적 완수에 대해 혼자서 전적으로 책임지고 보상을 받는 한 사람이 꼭 있어야 한다.

톰 피터스Tom Peters의 저서 『초우량 기업의 조건In Search of Excellence』을 보면 성공한 기업들은 하나같이 단 하나의 프로젝트에만 매진할 뛰어난 인재를 찾았다. 그 일을 맡아 완수해내기 위해 일념으로 매진할 유능한 인재를 찾지 못한다면 그 일은 외톨이 신세로 전락해 전혀 진척되지 않을 것이다. 외톨이 신세가 된 프로젝트는 사무실 여기저기로 떠돌게 된다. 회의 의제로 올라 유용한 조치가 논의될 수는 있지만 아무도 그 일을 책임지지 않는다. 외톨이가 된 프로젝트는 결국 열린 문을 찾아 사라지고 아무도 그 일을 하지 않게 된다.

이것은 앞에서 얘기한 딸랑딸랑 유리잔 두드리기의 문제다. 누가 고양이 꼬리에 방울을 달 것인가? 누가 성공적 완수에 따르는 보상과 승진을 걸고 개인적 책임을 떠맡을 것인가? '제가 하겠습니다. 제가 전적으로 책임지겠습니다.' 이렇게 말하는 사람이 없다면 다른 사람들 모두 여러 가지 할 일이 있다고 생각하고 그 일을 진행하려 하지 말라.

경력을 성공적으로 쌓기 위해 할 수 있는 한 가지 일은 언제나 손을 드는 것이다. 처리해야 할 업무가 생길 때마다 손을 들고 말하라. '제가 하겠습니다.' '안 돼. 자네는 이미 할 일이 잔뜩 있지 않나. 지금도 이미 바쁘게 일하고 있잖아. 자원해서 맡고 있는 일이 너무 많아서 안 돼.' 상사가 이렇게 말릴 정도가 될 때까지 더 많은 업무에 자원하라.

조직의 성공을 위해 완수해야 할 일에 자원하는 사람은 조만간 그 회사에서 가장 선망받고 높이 떠받들어지는 인물로 떠오른다.

사람들은 편의주의적 요인 때문에 가장 빠르고 가장 쉽게 일을 마칠 방법을 찾는다. 대다수 사람들(평생 돈 문제로 쩔쩔매는 80퍼센트)은 어떤 경우든 손을 들지 않는다. 시선을 회피한다. 화장실로 가서 잠시 쉬었다 온다. 일을 피할 방법을 찾기 때문에 속으로 자신을 쳐다보지 않길 빈다. 당신은 이와는 반대로 행동해서 더 많은 일을 맡을 방법을 찾아야 한다.

명심하라. 어쨌든 시간은 지나간다. 며칠이 지나고 몇 주가 지나고 몇 달이 지나간다. 다만 문제는 이 시간의 끝에 '당신이 어느 위치에 있게 될 것인가'이다. 뒤처져서 똑같은 자리에서 여전히 수준 낮은 일을 하고 있을 것인가, 아니면 점점 더 빠르게 앞서나가겠는가?

어쨌든 시간은 지나간다. 직장 생활 말년에 이르러 당신은 부자가 되어 있을 수도, 가난해져 있을 수도 있지만 그 운명은 바로 당신이 결정한다. 당신의 상사나 경제나 정치인이나 경쟁자가 아니다. 살면서 얼마나 많은 돈을 벌게 될지는 당신이 결정한다. 현재의 소득이 만족스럽지 않다면 가장 가까이에 있는 거울 앞으로 가서 마음을 다잡고 당신의 상사와 협상을 벌이는 시뮬레이션을 해보라. '돈을 더 벌고 싶습니다.'

그러면 상사는 이렇게 말할 것이다. '회사 내에서 책무를 좀 더 맡는 게 좋을 거야. 팔에 긴장을 풀고 손을 들게. 일을 맡아 하겠다고 나서게.' 손을 들고 나서는 것에 그치지 말고, 자원해서 맡은 일들을 더 수준 높고 더 훌륭하게 해낼

수 있도록 저녁과 주말 시간을 활용해 기술을 업그레이드
하라.

내가 사업을 시작하고 얼마 지나지 않았을 때 한 젊은 여
성을 채용한 적이 있다. 그녀는 얼마 전에 대출 및 신탁 회
사에서 해고당한 상태였다. 그 회사는 이 여성을 마음에 들
어 하지 않았지만 그녀는 젊었다. 나와 일하게 되었을 때
겨우 21살이었는데 자존감이 아주 낮았다. 나는 한 달에
1200달러를 줄 수 있었고 그 정도면 괜찮은 급여였다. 그
런데 같이 일해 보니 그녀는 비서로서 만능 재주꾼이었다.

일이 계속 들어오면서 회사는 차츰 성공을 거두기 시작
했다. 그 사이에 비서도 생산성을 더욱 높이는 것이 눈에
보였다. 한 달쯤 후에는 나에게 와서 이렇게 말했다. "저기,
보니까 회사에 경리를 보는 사람이 없던데요."

"그렇군요. 내가 그 점을 미처 생각하지 못했네요."

"괜찮으시다면 제가 장부와 금전 관리 업무를 맡으면서
공과금 납부도 처리하겠습니다."

"그래주면 좋지요."

비서는 전문대학에서 회계 강의를 들으며 우리 회사의
장부를 전부 정리했다. 덕분에 내 어깨가 가벼워졌다. 그
뒤에는 문서와 서신 작성 속도를 높이고 광고를 만들 수 있

도록 새로운 컴퓨터와 프로그램을 설치하기도 했다.

그렇게 근무한 지 6개월이 지난 어느 날 나에게 할 말이 있다고 했다. 당시 월급으로 1200달러를 받고 있었던 그녀는 이렇게 말문을 뗐다. "급여 인상 문제로 드릴 말씀이 있어요."

"그 얘기라면 얼마든지 해봅시다. 당신이 일을 아주 잘 해주고 있어서 안 그래도 월급을 100달러 올려주려고 생각 중이었는데 어떤가요?"

"배려해주셔서 감사해요. 하지만 시장 조사를 하면서 제가 회사에서 하는 일을 맡고 있는 사람들에 대해 알아본 바로는 제가 하는 일이 월 2000달러에 가까운 가치가 있다고 생각됩니다. 제 급여 인상분을 그 정도 수준에 맞춰 생각해 주시면 좋겠어요."

나는 너무 놀라 심장마비가 올 뻔했다. 월 1200달러를 받으며 일하던 비서가 갑자기 2000달러를 받고 싶다고 해서 놀랐는데, 생각해보니 그 말이 맞았다. 그녀는 회사에 없어서는 안 될 존재로 스스로를 성장시켰다. 이제는 2, 3명 몫의 일을 해주고 있었다. 내 회사가 성장하는 사이에 비서도 성장했다.

나는 영민하게 비서와 협상하여 월급을 1800달러로 정했다. 그렇게 해서 월급을 1200달러에서 1800달러로 올려줬다. 600달러를 높여준 것이니 6개월 만에 50퍼센트를 인상한 셈이었다. "정말 감사합니다." 비서는 그렇게 감사 인사를 한 후 돌아가 일했다.

"그래도 1800달러로 조정해서 다행이야." 나는 혼잣말을 했다.

21살짜리 어린 아가씨가 나와 협상을 벌여 6개월 만에 50퍼센트 급여 인상을 얻어낸 것이다. 그것도 내가 필요로 하는 업무들을 점점 더 많이, 점점 더 훌륭하게 해냄으로써 나를 납득시켰다.

비서는 또 다른 말도 했다. "저 정도 업무 실력을 가진 사람을 채용하시려면 한 달에 2000달러 넘는 월급을 제안하셔야 할 거예요. 제 실력이 그 정도의 월급을 줘야 할 만큼 대체 불가능하고 회사를 키우는 데 꼭 필요하니까요."

듣고 보니 비서의 말이 맞았다. 그녀는 준비된 사람이었고 업무도 체계적으로 처리했다. 이후로도 그녀는 꾸준히 실력을 업그레이드했고 우리는 오랜 시간 함께 일했다. 나는 그녀의 월급을 3000달러에 이어 4000달러까지 올려주었다. 25살 정도가 되자 그녀는 자신의 부모가 45살과 55살에 벌었던 것보다 더 많은 돈을 벌었다. 나중에 남편과 함께 다른 도시로 이사하게 되면서 회사를 그만뒀다.

생각하며 끊임없이 방법을 찾으라. 어떻게 하면 나 자신을 보다 가치 있는 존재로 만들 수 있을까? 답을 찾았다면 당장 행동하라. 즉시 행동하라. 빨리 서둘러라.

빠른 템포를 유지한다

꾸물거림을 극복하기 위한 일곱 번째 아이디어는 '빠른 템포를 유지하는 것'이다. 일정 수준의 속도를 꾸준히 지키는 것이 관건이다.

우리는 습관의 동물이다. 느린 속도로 일하는 것에 편안해지기가 쉽다. 하지만 성공한 사람들은 빠르게 움직인다. 아이디어가 있으면 고객을 방문한다. 아이디어가 있으면 즉시 인터넷에 접속한다.

요즘은 필요한 정보가 있으면 스마트폰으로 몇 초 만에 얻을 수 있다. 영화를 보러 갈 때도 줄거리, 출연 배우, 시나리오 작가, 과거사, 성공 가능성, 제작비 등등의 관련 정보를 전부 알 수 있다. 놀라울 정도로 많은 것을, 놀라울 정도로 빨리 알 수 있다. 그러니 행동을 취하라. 빠르게 움직여라.

빠른 템포란 일을 시작할 때 빨리 서둘러 하는 것이다. 계단을 오를 때 한 번에 두 칸씩 올라가고, 걸을 때 빠른 걸음으로 걷는 것이다. 일을 시작하면 즉시 움직이고, 빠르게 움직인다. 일을 할 때는 일만 한다.

그저 빨리빨리 움직이며 일에 착수하기만 해도 압박감 없이 하루 동안 하는 일을 2배로 늘릴 수 있다. 점심을 먹는 데 2시간씩 시간을 끌지 마라. 20분 동안 먹고 나서 다시 일을 하라. 다음의 말을 계속 읊어라. '일로 돌아가. 일로 돌아가.'

더 빠르게 움직이고 더 똑똑하게 움직이면서 똑같은 시간 동안 더 많은 일을 해낼 수 있는 새로운 실력을 쌓으라.

의식적으로 산다는 것

나는 한 유형의 꾸물거림만큼은 그 가치를 인정한다. 바로 '창의적인 꾸물거림'이다.

지난 세기 미국 최고의 사상가이자 철학자로 손꼽히는 너새니얼 브랜든Nathaniel Branden은 나와 오랜 지기였다. 나는 그의 책을 많이 읽었는데, 이 친구가 책에서 언급한 여러 주제 중에는 자존감도 있었다. 그에게 자존감은 인간관계에서 중대한 요소였다. 그는 이런 질문을 받은 적이 있다. "선생님은 평생에 걸쳐 이 문제를 생각하셨는데 사람들에게 한 가지 조언을 해줄 수 있다면 뭐라고 하시겠습니까?"

브랜든은 이렇게 대답했다. "의식적으로 살라고 말해주겠습니다. 의식적으로 살아가세요." 대다수 사람들은 무의식적으로 산다. 무의식적으로 반응하고 생각하면서 살아간다. 차를 몰고 집에서 회사로 가면서 그 출근길의 한순간도 기억하지 못한다. 의식이 딴 데로 떠돌았기 때문이다.

꾸물거림은 무의식적으로 사는 것이다. 삶을 의식하지도 못한다. '좋아. 지금부터 얼마간 꾸물거릴 거야'라고 말하는 사람은 없다. 그냥 무의식적으로 꾸물거린다.

반면에 창의적으로 살기, 즉 창의적으로 꾸물거리기란 앞으로 하려는 일을 의도적으로 찬찬히 생각하는 것이다. 우연한 일이 삶 전체를 변화시킬 수 있는 요인인 경우가 많기 때문에 일들이 우연히 일어나게 방치하지 않는다.

말하자면 찬찬히 생각한 후 특정 활동을 지금은 하지 않기로 창의적인 결정을 내린다. 나중에 가서는 그 활동을 할 수도, 하지 않을 수도 있지만 지금 당장은 하지 않기로 한다. 지금 하는 것이 시간을 잘 활용하는 것도 아니고, 시간을 가장 가치 있게 활용하는 것도 아니기 때문이다. 아이디어가 좋다고 해도 지금 실행하기엔 좋은 아이디어가 아니기 때문이다.

이러한 결정은 아주 명확하고 의도적이라고 할 수 있다.

다시 말해 시간을 잘 활용하는 것도 아닐뿐더러 삶과 직업을 진정으로 변화시켜줄 만한 일들과도 멀어지게 한다는 이유 때문에 의식적으로 그 활동을 하지 않기로 하는 것이다.

의식적이고 창의적으로 꾸물거리지 않는다면, 즉 지금은 하지 않으려는 그 일들이 의도적으로 결정한 게 아니라면 무의식적이고 생각 없이 지금 실행해야 하는 가장 중요한 일을 꾸물거리며 미루게 된다.

아주 명확하고 의식적으로 행동하라. 당신이 할 일은 가능한 한 가장 성공한 사람이 되는 것이다. 다시 말해 가장 중요한 업무에 착수해서 완수하는 한편, 성취하고 싶은 일에 도움이 되지 않는 일에는 시간을 조금도 할애하지 말라는 얘기다.

CHAPTER 7

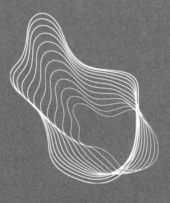

자신의 노력이
드러나게 한다

○

●

　　　　　나는 기업들이 전략적으로 사업 계획을 세우도록 돕고 있다. 그중 가장 큰 기업은 자산 규모 1400억 달러에 2만 2000명의 직원을 거느린 곳이었는데, 나는 회사를 전반적으로 재편해 수익성을 높이고 훨씬 빠르게 성장하도록 도왔다.

　전략적 계획을 세우면서 던져야 할 가장 중요한 질문은 이것이다. '나의 고객은 누구인가?' 여기에 '나의 상품이나 서비스를 구입하는 사람'이라고 답한다면 틀렸다. 당신의 고객은 그보다 더 광범위하다. 당신이 직장에서 하는 그 모든 일과 관련하여 당신에게 의존하고 있는 모든 사람이 고객이다. 물론 이는 가정에도 해당된다. 가족은 당신과 당신이 하는 일에 의존하기 때문에 당신의 고객이다.

가장 중요한 고객

당신의 상사 역시 당신의 고객이다. 고객 만족은 곧 상사를 만족시키는 것이며 이것은 당신의 가장 중요한 임무 중 하나다. 사실 상사는 당신에게 가장 중요한 고객이다.

목록 작성에 대한 얘기는 앞에서도 했지만 이번엔 또 다른 유형의 목록을 살펴보려 한다. 당신이 고용된 이유가 어떤 업무 때문이라고 생각하는지 모두 목록으로 써보라. 그 목록을 상사에게 가져가 우선순위대로 정리해달라고 부탁하라.

'이 목록에서 하나만 할 수 있다면 어떤 일이 좋을까요? 어떤 일을 가장 중요하게 수행해야 할까요? 두 번째 일과 세 번째 일은요?'

당신이 직장에서 할 수 있는 가장 중요한 일은 상사가 정해준 우선순위 목록에 따라 일하는 것이다. 상사를 가장 만족시킬 방법도, 급여 인상과 승진의 지름길도 언제든 상사가 가장 중요하다고 여기는 일을 하는 것이다. 이런 우선순위는 경제, 경쟁 구도, 시장의 변화에 따라 빠르게 변할 소지가 있다. 상사가 월요일에 답을 주었더라도 빠르고 신속하게 해줬으면 하는 일이 화요일에는 다를 수도 있다.

상사와 꾸준히 소통하라. 똑같은 얘기를 반복할 수도 있는 뻔한 대화를 나눌 게 아니라 이렇게 말하라. '제가 짜본 목록입니다. 우선순위에 따라 정리 좀 해주세요. 오늘 이 중 3가지 일만 처리할 수 있다면 어떤 것을 먼저 해야 할까요?'

이 과정을 계속해서 반복하라. 상사는 당신이 자신에게 가장 중요한 일을 수행하고 있다는 것을 알면 만족해하며 더 많이 도와주려 할 것이다. 당신이 일들을 더 많이 해낼 만한 실력을 단련하도록 도와줄 것이다.

물론 시장에서 당신의 상품이나 서비스를 구매하는 사람은 고객으로서 매우 중요한 존재다. 고객의 만족이 당신 회사의 미래를 결정하고, 거기에 이바지한 당신의 기여도가 당신의 미래를 결정하기 때문이다. 따라서 미래와, 당신이 이바지할 수 있는 가장 중요한 기여 활동과, 기여할 수 있는 대상을 꾸준히 생각하는 일은 정말로 중요하다.

지금의 위치에서 해야 할 일

자신의 성과가 상사의 눈에 띌 수 있는지 아닌지를 걱정하느라 많은 시간을 허비하는 것이 옳은 일일까? 사내에서도 정치적 행동이 숱하게 일어난다. 사람들이 상사의 눈에 띌 수 있는 일만 하려 할 때다. 그런 사람들은 동료들을 돕는 일은 해봐야 상사가 눈여겨보지 않는다고 생각한다. 심지어 거들떠보지 않기도 한다. 그래서 어떤 사람이 상사에게는 호감을 끌지만 나머지 동료들에겐 싫거나 도움 안 되는 인간으로 취급받는 상황이 종종 생긴다.

사내 정치에 신경을 써야 할까, 아니면 눈에 띄든 안 띄든 신경 쓰지 말고 가치를 더하는 일에만 집중해야 할까?

어느 위대한 철학자가 말하길, 인간 활동의 제1 법칙은 위계질서라고 했다. 위계질서란 해당 사회나 업계, 모임에서 나타나는 상하 관계다. 예를 들면 가톨릭에는 8단계의 위계질서가 있다. 맨 위에 교황이 있고 그 아래로 추기경과 대주교 등이 이어지고 교구 신도가 맨 아래에 위치한다.

위계질서 내에서 일하는 사람은 누구나 자신의 위치를 안다. 자신의 위에 누가 있고 아래에는 누가 있는지도 안다. 모든 사람은 자신의 위치에 대해 나름의 포부가 있다. 모두 더 높은 곳으로 올라가고 싶어 한다. 높이 올라갈수록 더 큰 보상이 따르고, 존경과 돈도 더 많이 얻을 수 있기 때문이다. 따라서 당신이 위계질서에서 어디쯤에 위치하고 목표가 무엇인지를 스스로 물어야 한다.

회사, 즉 민간 기업의 역할은 고객의 삶이나 일을 풍요롭게 해주는 상품이나 서비스를 생산하는 것이다. 그것도 경쟁사들보다 더 잘해야 한다. 그래야 가능한 한 많이 팔아 수익을 낸다. 지금까지 살펴봤듯 수익은 내일의 사업 경비다. 수익이 없으면 내일도 없다.

승진해서 당신의 상사가 되는 사람은 어떻게 그 자리에 오르는 걸까? 목표 성취, 상품이나 서비스 생산, 경쟁 시장에서의 영업과 마케팅, 성과나 보상을 끌어내는 면에서 남들보다 실력을 키우며 그렇게 승진하는 것이다.

당신의 임무는 상사를 만족시키는 것이다. 예전에 어떤 세미나에서 한 여성이 나에게 다가와 말했다. "선생님 말씀에 이의가 있어요. 제 임무는 상사를 만족시키는 게 아니에요. 제 임무는 제 일을 하고 동료들과 잘 지내는 것이지 상사를 만족시키는 게 아닙니다. 상사가 자신을 만족시켜주길 바라는 건 그 사람이 해결할 문제죠."

나는 이렇게 대꾸했다. "정말 안타깝군요. 당신의 임무가 상사를 만족시키는 게 아니라고요? 그럼 뭐 하러 직장에 다니고 있나요? 회사에서는 왜 당신을 고용했을까요? 당신에게 왜 이런저런 책무를 맡겨왔을까요? 위계질서가 있는 구조에서 사람이 다른 사람을 고용하는 이유는 자신의 일을 돕게 하기 위해서입니다. 당신의 임무는 윗사람들이 하는 일을 도와주는 겁니다."

예전부터 쭉 나의 초점은 상사에게 도움이 되는 것이었다. 상사가 바로 지금 어떤 일을 필요로 하거나, 내일 어떤 일을 하길 원한다면 그것이 내 임무다. 그 일을 잘할 수 있으면 훌륭한 일자리와 높은 급여와 승진이 보장될 것이다. 그러니 명심하라. 당신의 임무는 상사를 만족시키는 것임을.

'제 임무는 동료들과 잘 지내는 겁니다.' 이렇게 말하는 사람들이 있지만 그렇지 않다. 동료들과 잘 지내는 일은 당신의 임무를 수행하며 상사가 가장 필요로 하는 중요한 일을 챙기기 위해 꼭 필요한 경우가 아닌 한 당신의 임무가 아니다. 당신의 임무에 대해 확실히 못 박아둬라. 회사에서 일도 제대로 안 하는 사람들이 하는 말은 허튼소리가 많다. 당신의 임무가 동료들과 잘 지내며 행복한 직장 생활을 하는 것이라는 둥 다른 무엇보다 자신의 행복을 먼저 생각해야 한다는 둥의 얘기를 한다.

아니, 그렇지 않다. 당신의 임무는 회사가 당신을 계속 고용하는 데 드는 비용보다 훨씬 가치 높게 기여하는 것이다. 놀라운 얘기로 들리겠지만 당신은 당신의 상사와 한 몸이나 다름없다. 그러니 상사와 대화하고 싶다면 가까운 거울 앞으로 가서 마음을 다잡고 나서 당신의 임무에 대해 얘기하라. 당신이 해야 할 일을 알려줄 사람은 바로 그 상사

다. 당신의 임무는 다음과 같은 생각만을 하는 것이다. '나는 큰 기여를 하고 싶어.'

나는 상사와 일할 때 언제나 업무의 명확성을 높이고자 했다. '하시는 일을 더 잘하도록 도우려면 제가 뭘 하면 될까요? 제가 할 수 있는 가장 중요한 일은 뭡니까? 이게 지금 제가 하고 있는 일들입니다.' 첫째도 둘째도 셋째도 명확성이다.

많은 경우 사람들은 이렇게 생각한다. '내 임무는 상사를 만족시키는 게 아니야. 나는 그저 내 할 일을 하면 돼.'

이들이 자신의 일을 잘해내더라도 상사는 눈치 채지 못한다. 이들은 이렇게 생각하기 때문이다. '상사에게 굳이 알릴 필요는 없지 뭐. 부하 직원들이 일을 어떻게 하는지 알아서 파악하는 게 상사의 임무잖아.'

그렇지 않다. 당신의 임무는 맡은 일을 잘하는 동시에 상사에게 당신이 어떤 변화를 이끌어냈는지 보여주는 것이다.

이것은 회사 내 정치 행위가 아니다. 상사에게 가장 중요한 사항이 무엇인지 확실성을 기하기 위한 일이다. 잘못된 궤도에 올라 상사에게 전혀 중요하지도 않은 일에 착수하지 않도록 하기 위한 것이다. 유명 경영 컨설턴트들도 할 필요가 없는 일을 아주 잘하는 것을 최악의 시간 활용으로 지목하는 경우가 많다. 일명 배타적 선택의 법칙^{law of the excluded} ^{alternative}(하나의 일을 한다는 것은 다른 무언가를 하지 않는다는 것-옮긴 이)과 연관된 문제다. 최악의 시간 활용은 전혀 할 필요가 없거나 지금은 하지 않아도 되는 일을 열심히 하는 것이다.

자신이 그 일을 지금 해야 하고 상사에게 중요한지를 확인하라. 당신의 임무는 상사를 만족시키는 것이다. 그것이 당신이 더 빨리 승진하고 더 높은 급여를 받을 방법이기 때문이다. 당신의 상사는 당신의 수행 능력을 눈여겨보며 이렇게 생각할 것이다. '이 직원은 꼭 붙잡아둬야겠어. 나에게 가치 있는 친구야. 무슨 일을 시켜도 신속하게 해내고 2, 3명보다 더 많은 일을 하고 있어.'

명심하라. 어느 회사든 80/20 법칙이 적용된다. 직원의 20퍼센트가 80퍼센트의 일을 하며 직원의 20퍼센트가 모든 돈을 벌어들인다. 직원의 20퍼센트가 주말에 배우자와 함께 바하마 제도에 다녀올 티켓을 얻는다. 직원의 20퍼센트가 지속적으로 남들보다 더 많은 급여를 받으면서 자동차와 더 큰 사무실과 더 많은 부하 직원을 얻는다. 당신은 바로 이런 사람이 되고 싶을 것이다. 이런 사람은 우연히 되는 것이 아니다. 목표에 집중하고 의도적으로 실행한 결과다. '나는 더 많은 것을 원해. 하루하루 날마다 더 가치 있

는 사람이 되겠어.'

쓸모를 인식시킨다

기업들은 흔히 눈에 보이는 것에 치중한다. 일찍 출근하고
늦게까지 일하면서 눈에 보이게 노력하는 것에 초점을 맞
춘다. 이처럼 눈에 보이는 모습이 중요할까, 아니면 그와는
상관없이 오로지 성과만이 중요할까? 상사에게 얼굴도장
을 찍는 시간^{face time}은 얼마나 중요할까?

상사가 부하 직원을 근무 시간에 따라 평가하는 경우를
많이 봤다. 그런 상사는 출근하면 머릿수를 센다. 몇 명이
출근했는지 보는 것이다. 근무를 오전 8시에 시작한다면 7
시에 출근해서 일찍 나온 사람이 몇 명인지 둘러보는 상사
도 있다. 또 늦도록 퇴근하지 않고 있다가 몇 명이 퇴근했
는지 확인하기도 한다.

상사가 집에 갈 때까지 직원 모두가 퇴근하지 않는 회사
들도 있다. 이런 경우 다들 일하지 않고 빈둥대는 게 보통
이다. 메일함을 들락거리거나 서로 잡담하며 빈둥대면서
그저 상사가 퇴근할 때까지 참고 기다리는 것이다.

나폴리언 힐이 대기업에 취직한 어떤 청년에 대한 인상
적인 이야기를 들려준 적이 있다. 이 청년은 정말로 성공하

고 싶어 했다. 청년이 근무하는 사무실은 널찍한 동굴 같은 공간에 책상이 빼곡히 들어찬 곳이었다. 그 책상 중 하나가 그의 자리였다.

청년은 자신의 상사가 언제나 오전 7시 30분쯤에 출근해서 오후 6시나 6시 30분에 퇴근하는 모습을 보고 항상 오전 7시에 출근했다. 그래서 상사가 출근하면 늘 일하고 있었고, 상사가 퇴근하는 시간에도 여전히 일하고 있었다. 청년은 날마다 가장 먼저 출근하고 가장 늦게 퇴근했다.

그러던 어느 날, 처음에는 청년을 신경 쓰지 않던 상사가 말을 걸었다. "내가 아침에 출근해서 보면 늘 자리에 있고 내가 퇴근할 때도 늘 자리에 있더군. 뭘 하느라 그러나? 왜 그러고 있는 건가?"

"저에게 시키실 일이 생길 경우를 대비해 늘 대기하고 싶었을 뿐입니다."

"그렇군. 흥미로운 근무 원칙이군. 고맙네." 상사는 이렇게 말하고 퇴근했다.

며칠 후, 그 상사가 오후 6시에 청년을 불러서 말했다. "자네가 이 일을 해주면 좋겠네. 좀 중요한 일이야. 몇 분 전에 발생한 건인데 맡아서 처리할 시간이 되겠나?"

"예, 하겠습니다." 청년은 그 프로젝트를 받아 가서 일을 했다. 그리고 다음 날 일을 마치고 상사에게 가져갔다.

"정말 고맙네. 고맙게 생각하고 있어." 상사는 청년이 해 온 일을 살펴보며 더 다듬을 만한 부분을 여기저기 짚어주었다.

이틀이 지난 뒤, 상사가 낮 시간에 청년을 다시 불러서 물었다. "할 일이 생겼네. 좀 처리해줄 수 있겠나?"

그 뒤로 상사는 청년에게 매일 말을 걸었다. 또 얼마 후에는 하루에 여러 번씩 말을 걸었다. 그러다 얼마 지나지 않아 청년은 상사가 최우선시하는 프로젝트에서 일을 맡게 되었다. 청년은 결국 승진을 했고 간부들과 더 가깝고 큰 책상으로 자리를 옮겼다. 얼마 뒤에는 자신의 사무실도 갖게 되었다. 35살이 되었을 무렵에는 다국적기업의 부사장 자리까지 올랐다. 그가 윗사람들의 호감을 얻고 모두에게 존중과 존경을 받은 이유는 경력 초반부터 어떤 상사와 함께 일하든 그 상사를 돕는 일에 집중했기 때문이다.

상사를 만족시키거나 돕기 위해 회사에 다니는 것이 아니라는 식의 얘기는 귀담아 듣지도 마라. 상사를 만족시키거나 돕는 것이 당신이 회사에 다니는 유일한 이유다. 상사가 당신에게 어떤 일을 하거나 하지 않기를 바란다는 사실이 싫다면 직업을 바꿔라.

상사에게 도움이 되는 일에 자진해서 나서고, 밀리지 않고 할 일을 마치면 가서 말하라. "일을 끝냈습니다. 일거리를 더 주세요."

나는 일하는 걸 좋아한다. 만약 당신이 그렇지 않다면 자신의 행동에 대해 정말 많은 생각을 해봐야 한다. 대대수 사람들이 일하길 싫어하면서 일을 피하려 온갖 방법을 찾기 때문이다. 이들은 상사가 일을 시킬 사람으로 자신을 지목하지 않도록 항상 고개를 숙이고 눈에 띄지 않으려 한다.

"일을 더 하고 싶습니다." 예전에 내가 상사에게 이렇게 말하면 그는 내 말을 무시하기 일쑤였다. 나는 심지어 할 일을 다 해서 일이 없는 지경이 되자 회사를 그만둘 생각까지 했다. 일을 더 하고 싶어서였다. 그러다 마침내 상사와의 벽이 무너졌고, 그는 카드의 패를 한 번에 하나씩 돌리는 것처럼 계속 일거리를 줬다.

그 뒤로 내게 환상적인 기회가 펼쳐졌다. 나는 회사의 부서 3곳을 지휘하며 수백만 달러의 영업 매출을 발생시켰다. 이후에는 다른 회사로 스카우트되어 이직했고 승진해서 일하다가 다른 기업의 임원들에게 내가 터득한 요령을 가르치기 시작했다. 기업들은 나에게 회사 일을 의뢰하기도 하고 전략적 계획을 수립하는 방법을 가르쳐달라고 초

빙하기도 했다.

명심하라. 당신의 일을 정말 좋아해야 한다. 나폴리언 힐이 지적했듯 자신의 일을 좋아하게 되면 앞으로 평생 일하지 않아도 된다. 경력의 첫발을 내딛을 때 할 일은 당신이 좋아하는 일을 찾는 것이다. 하고 싶어 열의가 솟는 일을 찾으면 야근도 즐겁게 여길 수 있다. 어서 일하고 싶어 안달이 나기도 한다. 일과 가족, 대인관계의 균형을 맞춰야 할 지경이 된다.

내 주위에는 자기 분야에서 정상급에 올라선 친구들이 많은데 이들은 일을 정말 좋아한다. 일찍 일어나고, 열심히 일하고, 주말에도 일을 즐기면서 우리 사회에서 최고의 수입을 거두고 있다. 자세히 들여다보면 이들은 수입이 높기도 하지만 일 자체에 대한 애정이 크다. 일하지 않도록 자신을 단련해야 한다는 농담을 서로 주고받을 정도다. 그만큼 우리는 스스로를 억제해야 할 정도로 일을 좋아한다. 일이 삶에서 하나의 낙이 된다.

일이 하나의 낙이 되는 경지에 이르면 믿기 힘든 삶을 누리게 된다. 언제나 만족감을 느끼고 자신의 분야에서 최고수입을 얻는 사람이 될 것이다. 점점 더 성장하고 스스로 일을 더 잘할 방법과 더 많이 할 방법을 찾게 된다.

내가 여러 조직과 업계에서 지위가 높아지기 시작하자 (놀랍게도 끌어당김의 법칙이 작용하면서) 그 분야의 정상급 인물들과 나 사이에 서로서로 끌어당김이 일어났다. 그 범위가 처음엔 지역 단위였다가 나중에는 주 단위, 나아가 전국 단위까지 확대되었다. 지금 나에게는 내 성과에 관해 듣고 개인적으로 만나고자 찾아와 친구가 된 사람들이 전 세계 곳곳에 있다. 사람은 누구나 자신이 좋아하는 분야에서 일을 잘하는 사람들과 친분을 맺고 싶어 한다.

그뿐만이 아니다. 내가 만나본 업계 최상급 인물들은 첫 만남을 마칠 때면 예외 없이 이런 말을 했다. '제가 해드릴 수 있는 일이 있을까요? 제가 도움이 되어드릴 만한 일이 있으면 말씀하세요.'

적어도 일주일에 한 번은 나에게 연락했던 사람에게 다음과 같은 말을 들었다. '제가 어떻게 도와드릴까요? 제가 도움이 되어드릴 일은 없나요?' 이들은 사실 나의 개인적 삶이나 사업에 대해 잘 모른다. 하지만 늘 삶에서 성공을 거두고 있는 사람들을 적극적으로 도와주려 한다.

덧붙여 당부하자면, 지금 받고 있는 돈보다 더 가치가 높은 일을 할 방법도 찾아야 한다. 당신이 가져가는 것보다 더 가치 높은 일을 찾도록 노력할 방법을 찾으라. 사람들이 더 잘되도록 도와줄 방법을 찾으라. 나는 수십 년 동안 그래왔는데, 그 노력이 나중에 5배, 10배, 50배, 100배의 보상이 되어 돌아왔다.

나는 최근 댈러스에서 열린 세미나에 강연자로 참석했다. 여러 강연자가 참석했는데 미국 전역에 이름이 잘 알려진 한 강연자의 차례가 왔다. 그가 내 쪽으로 다가오더니 말했다. "강연을 시작하기 전에 얘기하고 싶은 분이 있습니다. 제 삶에 지대한 영향을 미친 분입니다." 그러더니 나를 가리키며 말을 이었다. "저는 이분을 통해 어디에서도 듣지 못했던 가르침을 얻고 평생의 삶이 바뀌었습니다. 하루에 2, 3시간씩 책을 읽고, 끊임없이 실력을 향상하고, 자신이 하는 일에서 능력을 키우라는 가르침이었습니다. 당시 저는 열심히 일하기는 했지만 제 실력을 키우는 일의 중요성을 깨닫지 못하고 있었어요. 그런데 그 가르침 덕분에 지금은 매일 2, 3시간씩 제 분야의 책을 읽고 있습니다.

저는 8살 때 어느 대규모 세미나에서 이분의 가르침을 들었습니다. 당시 저의 가장 야심 찬 목표는 백만장자가 되는 것이었죠. 저는 군인 가정에서 컸어요. 어머니는 집을 나갔고 아버지는 육군 중사였는데 저에게 아주 엄하셨어요. 저는 보통의 학교에 다니며 보통의 성적을 받았어요.

그러던 어느 날 누가 저에게 입장권을 주며 그 세미나에 데려갔습니다."

그 세미나에서 나는 노력하고 배우고 공부하면서 실력을 키우라고 강연했다. 그는 계속 말을 이었다. "저는 25살 때 백만장자가 되었어요. 30살 때는 그 2, 3배의 갑부가 되었죠. 35살인 지금은 남은 평생 동안 쓰고도 남을 만큼 돈이 많습니다. 이 모든 게 그때 이분의 말씀을 들은 덕입니다."

자기 단련이라는 마스터키

이번에는 오늘날의 경제와 밀접한 주제를 얘기해보자. 바로 재택근무, 즉 '집에서 일하기'다.

집에서 생산적으로 일할 수 있을까? 회사 생활에서 위로 올라서고 싶은 사람에게는 회사에서 일할지, 집에서 일할지 선택권을 준다면 어느 쪽이 더 생산적인 선택일까?

이 질문에 답하기 위해 이제는 친근하게 들릴 만한 단련 얘기를 다시 해보자. 나폴리언 힐도 말했다시피 "자기 단련은 부자가 되는 마스터키다." 자기 단련을 하면 그 어떤 일도 가능하고, 자기 단련을 하지 않으면 그 무엇도 불가능하다.

집에서 일하는 경우의 문제점은 뭘까? 자기 단련이 부족해진다는 것이다. 사람들은 집에서는 일을 하지 않는다. 때때로 약간의 일을 할 뿐이다. 게다가 집에는 먹을거리, TV, 신문 등 한눈팔 거리가 많다.

나는 집에서 많은 일을 하고 있다. 집에 있는 같은 책상, 같은 컴퓨터, 같은 프린터로 80권이 넘는 책을 썼다. 나는 집필 작업을 할 때 책상 앞에 앉아 주변을 정리하고 글을 쓰기 시작한다. 혼자서도 일을 잘 진행한다.

나는 직원을 2, 3명 두고 있는데 이들도 자기 집에서 일한다. 다들 자기 단련이 잘되어 있다. 해외에 있는데도 불구하고 일을 기막히게 잘하고 일 처리 속도도 빠르다. 서로 컴퓨터로 연락을 주고받으며, 언제나 시간을 어길 일이 없도록 진행 상황을 숙지한다. 이들은 항상 일을 잘한다. 이 직원들이 하루 종일 집에서 일할 수 있는 이유는 자기 단련이 잘되어 있고 체계가 잘 잡혀서 많은 일을 처리해내기 때문이다.

우리가 사무실에서 일하는 이유는 수십 년 동안, 아니 어쩌면 200여 년 동안 모든 노동자가 다른 사람들에게 의존해왔기 때문이다. 과거에는 각 사람이 어떤 일의 작은 부분을 수행해서 다음 사람에게 넘겨주고 이어서 또 다음 사람에게 넘겨주는 방식으로 일했다. 업무를 나누고, 논의하고, 분류하느라 점점 더 많은 회의 시간이 필요해졌다. 요즘은 컴퓨터 덕분에 스카이프나 줌 등 화상회의 앱을 통해 먼 거리에서도 얼굴을 보며 얘기할 수 있다. 한 사람과 얘기할 수도, 여러 사람과 그룹으로 얘기할 수도 있다.

나는 현재 전 세계의 150~200명에게 세미나에 대한 코칭을 해주고 있다. 한 달에 4번씩 1시간 동안 지도하는데 이때는 줌으로 진행한다. 사람들이 코칭 프로그램에 등록하면 프로그램에서 다룰 내용에 대한 정보를 보내주고, 이후에는 과제를 보내거나 의문점에 대해 질문할 시간을 준다. 책과 CD도 보내준다.

나는 한 달에 2~4번씩 전 세계의 사람들 수백 명을 만나 얼굴을 마주보며 이야기한다. 이때 질문을 던지기도 하고 질문에 답변하기도 한다. 우리는 같은 방에 모일 필요가 없다. 화면으로 함께하면 그만이다.

이제는 첨단기술 신생 기업으로서 급성장하고 있는 줌의 기술 덕분에 통화 중인 사람들 모두의 얼굴을 볼 수 있다. 이야기를 나눌 수 있고, 서로를 부를 수 있고, 질문하고 답할 수도 있다. 이를테면 사람들과 큰 방 안에 함께 있는 것과 다를 바 없다.

반드시 대면하고 교류해야 일을 제대로 진행할 수 있을 때만 사무실에 가는 경우가 많아지고 있다. 이런 직접 대면 교류는 새로운 직장, 새로운 회사, 새로운 사업, 새로운 기술, 새로운 영업과 마케팅에서 특히 더 필요하다. 이때는 많은 것을 빠르게 습득해가는 단계이기 때문에 사람들과 접촉하며 같은 경험을 나누는 일이 매우 중요하다. 그러지 않으면 똑같은 수준의 기술과 성과를 끌어올리는 데 5배, 10배 혹은 20배의 시간이 걸릴 수도 있다.

언제나 다음과 같이 물어보라. '이게 전부 다 집에서 할 수 있는 일일까, 아니면 사람들과 한 공간 안에 있으면서 대화하며 해야 하는 일일까?' 회사에 다니는 내 친구들은 이 둘을 병행한다. 집에서 일하는 시간도 많고 사무실에 나가 일하는 시간도 많다. 모든 시간을 소중하게 쓰려고 만전을 기하면서 집과 사무실을 오간다.

회의 계획을 짤 때는 11시로 시간을 정하는 것이 좋다. 모두가 11시 3분 전에 회의실에 앉아서 준비하게 하고, 회의는 11시 55분에 끝내라. 그러고 나서 다음 회의를 하거나 점심을 먹으면 된다. 이것은 계획과 준비의 문제다.

성공적인 팀워크의 핵심 원칙
세계적인 경영 구루 톰 피터스는 이런 말을 했다. "모든 일은 팀 작업으로 이루어진다." 경력 초반에는 팀으로 일하며 크게 기여하는 능력이 성공의 지름길을 열어준다. 이후에는 팀을 구성해 이끄는 능력이 삶의 성공을 크게 좌우하기 마련이다.

수년 전 《포천》이 선정한 500대 기업 한 곳과 일한 적이 있다. 이 기업은 직원들의 동기부여, 자존감, 단결심이 세계 최고의 평판을 얻는 곳이었다. 이곳에서 일하기 위해서라면 유리 조각 위라도 기어가겠다고 생각하는 사람이 많을 만큼 선망받는 직장이다. 직원 훈련 프로그램도 세계 최고 수준이다.

이 기업이 직원들을 대상으로 하는 리더십 세미나를 내게 요청했는데, 의뢰한 남자가 이렇게 말했다. "리더십 강연을 진행하시기 전에 읽어보셨으면 하는 내용이 있습니다. 저희 회사에서 리더십을 직원 훈련 프로그램의 부가 주제로 다루면서 따르는 지침입니다."

예전에 세계 최대 규모의 경영 컨설팅 기업 중 한 곳이 이 회사에서 비범한 생산성을 발휘한 120개의 팀을 2~3년에 걸쳐 조사한 적이 있다. 이 120개의 팀은 경쟁 상품의 제조 비용을 80퍼센트 줄이고 새로운 상품 개발을 위한 부서를 세워 6개월 내에 세계적 선두 주자가 되었다. 의뢰를 받아 조사에 착수한 컨설턴트들은 이 우수한 팀들이 갖춘 특성 5가지를 찾아냈다.

남자가 이어서 말했다. "제 매뉴얼을 보여드리겠습니다. 일련번호와 서명이 들어가 있는 비밀 문서입니다. 저희 회사를 이끌어갈 리더들에게 강연하시기 전에 이 내용을 꼼꼼히 읽어보시고 이 직원들이 어떤 지도를 받아왔고 매일 어떤 일을 하는지 숙지해두셨으면 합니다. 단, 복사는 안 됩니다. 내용을 메모하셔도 안 됩니다. 내용 파악을 위해 읽어보실 수만 있고 월요일 오전에는 저에게 돌려주십시오."

그날은 목요일인가 금요일이었는데, 나는 그 자리에서 문서를 넘겨보다가 말했다. "세상에나, 내용이 정말 좋은데요!" 토요일과 일요일 내내 그 내용을 읽고 또 읽고 방 안을 걸어 다니며 최대한 머릿속에 기억했다.

나는 경험과 수백만 달러짜리 조사를 바탕으로, 가장 성공한 팀들의 5가지 핵심 원칙을 다음과 같이 정리했다. 이 원칙은 조직을 큰 성공으로 이끌어주는 열쇠다.

1. 확실한 목표와 목적

시간이 얼마나 오래 걸리든 간에 함께 모여 앉아 성취하고자 하는 바(획기적 품질 향상, 획기적 비용 절감, 시장의 확대, 시장 성장성 등)를 명확히 했다. 팀원 모두가 목표를 분명히 알고 그 목표에 동의할 때까지 명확성을 기했다.

2. 확실한 가치

팀원들이 행동 지침으로 삼을 만한 가치를 논의한다. 구체적으로는 시간 엄수, 호의, 협력, 서로 돕기, 각자의 몫을 맡아 하기, 실력 향상시키기 등이다.

3. 명확한 행동 계획

자주 다음과 같은 질문을 던졌다. '목표를 이루기 위해 우리가 할 일은 무엇인가? 팀원 각자가 그 목표를 이루기 위해 할 일은 무엇인가? 팀원들에게 기대하는 기여 활동은 무엇인가?' 팀원들은 누구나 다른 팀원들 각자가 어떤 기여를 했는지 알았다. 업무를 논의하기 위해 회의를 할 때는 모든 팀원이 다른 팀원들 각자가 지난 회의 이후에 완수하기로 했던 일이 무엇인지도 알았다.

4. 행동 이끌기

리더나 관리자를 위한 지침으로, 동기부여를 통해 사람들을 이끌도록 했다. 뭘 하라고 지시하는 게 아니라 목표, 지킬 가치, 모두가 기여할 일 등 함께 성취하고 싶은 바에 대해 공감을 일으키며 이끌도록 했다. 리더의 주된 임무는 각 팀원이 팀에 기여하는 데 필요한 모든 요건을 갖추도록 챙겨주는 일이다. 적절한 설비가 있는지, 시간은 충분한지, 보조자나 인원은 적절한지 등을 살펴줘야 한다.

5. 지속적인 검토와 평가

행동에 착수한 이후에는 진행 상황을 정기적으로 살핀다. '어떻게 되어가고 있나? 우리가 일을 잘하고 있는가? 진전을 이루고 있는가? 목표를 성취해가고 있는가? 모두가 기대한 대로 기여하고 있는가?'

지금까지 나는 수십만 명의 관리자들에게 이 5가지 원칙을 지도했다. 나를 찾아와 이 원칙 덕분에 사업이 변화했다고 얘기해주는 사람들도 많다.

이 모든 사항을 구성원 모두가 완전히 숙지해두지 않으면 가치가 낮은 일에 착수하고 그 일을 아주 열심히 하게된다. 또는 팀에 제대로 기여하지 못하게 된다. 제때 일을 마치지도 않고 제시간에 회의에 참석하지도 않는다.

팀원들은 명확한 목표, 명확한 가치, 명확한 행동 계획을 지속적으로 논의해야 한다. 그다음 행동을 이끌고 지속적으로 검토하며 자신들이 맡은 일을 점점 더 잘하도록 만전을 기하면 된다.

판매를 2배 늘리기

영업은 생산성이 특히 중요한 분야다. 영업의 생산성은 성과 평가, 판매 실적, 고객 만족도를 판가름하는 기준이다. 급여와 승진을 결정하기도 한다.

1927년 이후 많은 사람이 영업 직원의 판매 실적과 시간 관리에 관해 조사하기 시작했다. 즉, 이때부터 영업 직원의 소득, 실적이 가장 높은 영업 직원의 소득, 판매 실적과 소득이 낮았다가 실적이 급성장하는 전이점 등을 연구했다.

조사 결과는 예나 지금이나 별 차이가 없다. 평균적인 영업 직원은 근무 시간의 약 20퍼센트나 30퍼센트만 일한다. 나머지 시간에는 일할 준비하고, 퇴근할 준비하고, 늦게 출근했다 일찍 퇴근하고, 동료들과 점심 먹으러 나가면서 보낸다. 오늘날의 사람들은 컴퓨터로 온라인에 접속해서 많은 시간을 보내지만 여전히 하루에 2시간가량만 집중해서 일한다. 하루 근무 시간 8시간 중에 6시간을 이렇게 저렇게 흐지부지 보내며 허비하고 있다는 얘기다.

당신이 영업을 하고 있다면 무엇이 당신의 소득을 결정

할까? 당신의 상품이나 서비스를 구입할 능력이 있고 적정한 시일 내에 기꺼이 구입할 사람들과 직접 대면해서 보내는 시간이다. 따라서 소득을 2배로 늘리고 싶다면 방법은 아주 간단하다. 오늘 고객과 함께 보낸 시간이 2시간이라고 치자(2시간이 평균 시간이다. 사람에 따라 더 많기도 하고 더 적기도 하다). 다음 달에는 고객과 보내는 시간을 하루에 4시간으로 늘리기로 결심하면 된다. 그래도 농땡이 치고, 이메일 확인하고, 시간을 끌며 점심 먹을 시간이 아직 4시간이나 남는다.

당신이 현재 하루에 2시간씩 고객을 대면하면서 일정 금액을 벌고 있다면 확률의 법칙에 따라 그 시간을 2배로 늘리면 소득도 2배로 늘어난다. 판매가 어디에서 발생할지, 즉 어떤 고객이 상품을 구매할지는 모를 일이지만 대면 시간을 2배로 늘리면 소득은 2배 늘어난다.

다음에 할 일은 당신에게 가장 중요한 일에서 실력을 키우는 것이다. 대면 시간이 2배가 되면 기술의 수준도 2배로 늘어난다. 그때는 대면 시간을 3배로 늘려라.

영업 분야에서 최고 연봉을 받는 축에 들고 싶다면 근무시간의 80퍼센트를 상품을 살 능력과 의향이 있는 고객과 대면하는 데 할애하도록 삶을 체계화해야 한다. 이것이 최고의 시간 관리 기법이다. 당신의 핵심 기술을 철저히 습득하면서 고객과 대면하는 시간을 점점 늘려라.

성과 평가에 관한 한 영업에서는 벌어들이는 돈의 액수가 유일한 척도다. 즉, 회사를 위해 발생시킨 판매액과 당신이 수당, 급여, 보너스로 가져가는 액수로만 평가된다.

나는 영업 세미나를 열 때마다 다음의 말로 운을 뗀다. "시작하기 전에 하나만 묻겠습니다. 여러분은 아침에 왜 일어나나요?" 모두들 대답을 못 하고 멈칫하면 내가 말을 잇는다. "여러분이 아침에 일어나는 건 돈을 벌기 위해섭니다. 여러분은 돈을 더 벌기 위해 일하러 나갑니다. 돈을 덜 벌고 싶어 한다거나 똑같이 벌고 싶어 하는 게 아니라 돈을 더 벌고 싶어 합니다. 그렇지 않나요?"

모두가 고개를 끄덕인다. 내가 또 묻는다. "그러면 어떻게 해야 돈을 더 벌까요?"

나는 'make more money(돈을 더 벌기)'라는 말을 줄여서 'MMM'으로 부른다.

"어떻게 MMM할까요? 어떻게 돈을 더 버느냔 말입니다. 더 많이 팔면 됩니다. 그게 더 많은 돈을 버는 방법입니다. 당신의 임무는 더 많이 팔아서 더 많이 버는 것입니다. 어떻게 해야 더 많이 팔까요? 당신의 상품을 적정 기일 내에 구매할 만한 사람들을 직접 만나야 합니다. 다시 말해 고객을 직접 대면하지 않으면 당신은 일하지 않는 것입니다. 실업자나 마찬가지입니다. 사회의 쓸모없는 일원입니다. 사실 고객과 직접 대면하지 않으려면 당신은 집에 가서 도로 침대에 누워 머리까지 이불을 뒤집어쓰고 잠이나 자야 합니다. 당신은 가족을 비롯한 모든 사람에게 아무 가치가 없는 사람이기 때문입니다. 안 그런가요?"

모두들 그 말에 탄식을 내뱉지만 맞는 소리라는 것을 안다. 사람들과 직접 대면해 상품을 구매하도록 청하지 않으면 당신은 일을 하지 않는 것이다. 굳이 따지자면 당신의 시간을 낭비하고, 같은 회사 사람들의 시간까지 낭비하고 있는 것이다.

몇 년 전 어떤 영업 부장과 일한 적이 있다. 최고의 영업가로 손꼽히는 인물인 그는 미국 최대의 다국적기업에서 가장 부진한 실적을 내고 있는 부서 한 곳을 맡게 되었다.

그가 새로운 부장으로 와서 가장 먼저 한 일은 오전 회의에서 이렇게 발언한 것이다. "같이 일을 시작하기 전에 하나 물어봅시다. 이 사무실 안에 없는 게 뭔가요?"

직원들은 두리번거리며 부장이 벽에서 사진 같은 거라도 떼어냈는지 살펴보다 못 찾고 포기했다.

"이 사무실에는 고객이 없습니다. 여러분의 임무는 고객들을 직접 만나 우리의 상품을 판매하는 거예요. 그러니 여기에서 나가 사람들과 이야기 나누며 일을 시작하세요."

놀랄 말도 아니지 않은가! 정말로 회사 안에는 고객이 없다. 회사 안에는 당신의 상품을 구입할 만한 사람이 아무도 없다. 따라서 당신이 사무실에 있다면 돈을 더 많이 벌거나 물건을 더 많이 팔도록 도와줄 수 있는 사람이 없다. 사무실 밖으로 나가야 한다.

이 부서 영업 직원들은 출근 후 10시 30분 혹은 11시 전까지 잡담을 나누고 커피를 마시다 슬렁슬렁 나가서 1, 2곳 정도 방문한 다음 점심을 먹으러 가는 것에 익숙해져 있었다. 8시 35분에 부장과의 영업 회의가 끝나자 직원들은 다같이 회의실을 나가며 웅성거렸다. 욕설도 몇 마디 입에 올렸다. "저 자식 뭐야?"

"커피 마시러 갈 사람 없어?"

"좋아, 가자. 저쪽에 있는 스타벅스로 가자."

그렇게 해서 직원들이 밖으로 나왔는데 그중 2명이 말했다. "저기, 고객 2, 3명을 방문하는 게 좋겠어."

이 회사는 광고를 잘했고 평판도 좋았고 경쟁에서 우위 주자였기 때문에 정말로 그러는 편이 나았다.

직원들 중 몇 명은 고객을 방문하러 갔고, 아니나 다를까 확률의 법칙에 따라 2건의 판매 실적을 올렸다. 그다음 날 직원들이 출근했더니 사무실 가구가 전부 사라져 있었다. 거래 체결 용도의 사무실 몇 곳에 책상과 의자가 있었을 뿐 나머지 가구는 보이질 않았다.

부장이 말했다. "이제 이 사무실에 없는 게 뭔지 알겠나요?"

직원들이 말했다. "가구가 전부 없어졌어요. 앉을 곳이 없습니다."

"그래요, 맞아요. 어제 당신들이 고객을 만나러 나간 사이에 가구 회사를 불러서 전부 치우게 했어요. 이 사무실에는 가구가 필요 없을 겁니다. 사무실에서 보낼 시간이 없을 테니까요. 고객을 데려 와서 상담할 수 있는 사무실이 3곳 마련되어 있지만 그 외에는 가구를 쓸 일이 없을 겁니다."

직원들은 이번에도 격분했다. 이전 상사들과 일하며 길들여진 방식과는 달라서였다. 이전 상사들은 전부 저조한 실적으로 해고되었다.

부장이 말했다. "자, 여러분. 이제부터는 매일 오전에 15분 동안 영업 회의를 할 겁니다. 회의에서는 영업 원칙에 대해 얘기할 텐데, 서서 회의하니 자리에 앉아 메모할 일은 없을 겁니다. 매일 오전에 15분 동안 판매 실적을 높일 방법을 얘기합시다."

부장은 슬슬 직원 훈련에 착수했다. 이미 잘 훈련된 이들이었지만 보강 훈련에 들어갔다. 먼저 직원들에게 이런 질문을 던지기 시작했다. "우리 부서의 약점이 뭘까요? 오늘날의 시장에서 좀 더 힘써야 할 부분이 뭘까요?"

영업부 직원들은 이런 대답을 내놓았다. "거래 성사에 도움을 얻을 필요가 있습니다." "고객의 이의 사항 해결에 도움이 필요합니다."

그다음 날 부장이 말했다. "자, 여러분. 이의 사항 처리에 대해 얘기해봅시다. 사람들이 우리 상품을 구입하기를 망설이는 최대 이의 사항은 뭡니까?"

직원들이 고객들의 이런저런 이의 사항을 얘기하자 부장이 물었다.

"여기에 대한 답변 방법을 아는 사람 있나요? 어떻게 대답하면 좋을까요?"

한 직원이 말했다. "그럴 때마다 저는 이렇게 말합니다."

또 다른 직원도 말했다. "저는 그럴 때면 이렇게 말합니다."

"정말 좋은 생각입니다." 듣고 있던 다른 직원이 말했고,

CHAPTER 7

모든 직원이 메모하기 시작했다.

얼마 후 부장이 말했다. "좋아요. 8시 45분이군요. 일하러 갑시다."

2000개의 영업 사무소 중에 2000위였던 이 부서는 1년 후에 1000위로 올라갔고, 2년 후에는 이 회사의 전 세계 영업 사무소를 통틀어 1위에 등극했다. 부장은 첨단기술 영업계의 전설로 떠올랐다. 이런 영광을 얻은 계기는 모든 직원을 밖으로 내보내 고객과 이야기하게 한 덕분이었다.

당신이 상사가 따로 없다면 이런 원칙을 스스로 알아서 실행해야 한다. 사무실 안에는 고객이 없다. 당신이 사무실에 죽치고 있다면 당신은 비공식적으로 실업자인 셈이다. 일을 안 하고 있는 것이다. 당신 자신과 소속 회사의 시간을 낭비하는 격이다. 그러니 밖으로 나가 사람들을 만나라.

호감과 행동을 이끌어내는 영업의 7단계

이번에는 영업 방법의 7가지 핵심 요소, 즉 판매 비결을 이야기하려 한다.

1단계: 잠재 고객 찾기

당신의 상품이나 서비스를 통해 도움을 얻을 만한 사람

들을 찾아야 한다. 더 많은 사람을 만나 이야기할수록 확률의 법칙에 따라 그들이 당신의 상품을 구매할 확률이 높아진다.

2단계: 이야기 나눈 사람과 친밀감과 신뢰 쌓기

모든 판매는 감정을 기반으로 이루어진다. 사람들이 당신을 좋아하고 신뢰해야 한다는 얘기다. 그래야 상품이나 서비스에 대한 당신의 말을 좋아하고 신뢰해서 그 상품이나 서비스를 기꺼이 구매하게 된다.

따라서 서두르지 말고 시간을 갖고 잠재 고객들과 친해져라. 그 고객의 개인사, 삶, 일, 업무에 관해 물어보라. 모든 대인관계에서 새로운 사람을 만날 때 그 상대가 당신을 좋아하고 친해지려 한다면 감으로 느껴진다. 뭔가 일이 일어나면서 상대가 미소 짓고 몸을 앞으로 기울이며 이렇게 말하게 된다. '저기, 상품은 뭐가 있는데요?' 이 말에는 확실히 다음의 메시지가 담겨 있다. '당신이 좋고 신뢰가 가서 당신의 상품에 관심이 가요.'

이때는 이렇게 말하라. '음, 먼저 몇 가지 여쭤볼게요.' 그다음 잠재 고객이 상품과 관련된 영역에서 하는 일, 그리고 상품이 고객에게 주는 도움을 파악하기 위한 질문을 던

저라. 고객의 목표, 성취하고 싶어 하는 일, 예산 운영 유형, 과거에 수행했던 일과 미래의 지향점 등을 물어보며 확실하게 파악하라.

3단계: 진단하기

의사가 환자를 보는 것과 같다. 세계 어느 곳이든 의사를 찾아가면 가장 먼저 가능한 한 철저하게 진단한다. 의사가 당신을 진단하기도 전에 치료 방식을 권하는 것은 있을 수 없는 일이다. 환자에 따라 때때로 검사를 실시하기도 한다. 검사를 마친 후 판독 담당자에게 전달하고 의사가 검사 결과를 받으면 환자는 다시 그 의사를 보러가야 한다.

그러니 서두르지 말라. 자기 자신을 판매를 진단하는 의사로 여겨라. 의사가 가장 먼저 할 일은 질문을 던지는 것이다. 고객의 상황을 진단하라.

4단계: 상품 설명

지금까지 대화한 내용을 바탕으로 다음과 같이 설명하라. '고객님이 원하고 필요로 하는 사항이 뭔지를 들어보니 이 상품이 도움이 될 것 같습니다.'

고객이 했던 말을 그대로 다시 말해주면 고객이 따질 일이 없다. 의사소통에서 첫 번째 규칙은 자신이 말한 사실에 대해 따질 사람은 없다는 것이다. 아무도 자신의 입으로 한 말로 따지지는 않는다. 고객이 어떠어떠한 것을 원하고 필요로 한다고 말했다면 이런 식으로 말하라. '어떠어떠한 것이 고객님이 원하고 필요로 하는 것이라고 하셨는데 이 상품이 도움이 될 겁니다.' 그러면 문제가 생기지 않을 것이다. 차 안에 놓는 귀여운 장난감 강아지처럼 고개를 끄덕일 것이다. 고객이 원하고 필요하다고 말했던 것을 바탕으로 상품을 설명하면 고객은 고개를 끄덕이게 되어 있다.

5단계: 이의 사항에 답해주기

모든 고객에게는 이의 사항이 있다. 고객이라면 누구나 잘못된 결정을 내릴 위험을 줄이고 싶어 하기에 이건 어떻고 저건 어떤지 물어본다. 따라서 철저히 준비해야 한다. 고객이 불만을 제기하면 이렇게 말할 수 있어야 한다. '잘 물어보셨어요.'

이의 사항에는 항상 다음과 같이 응하라. '잘 물어보셨어요. 제가 대답해드릴게요.' 대답하면서 그 사항이 당신의 상품이나 서비스를 구매하지 않을 만한 이유가 되지 않는 근거를 설명하라.

'그래요. 듣고 보니 괜찮겠네요.' 고객이 이런 말을 하기 전까지는 계약을 성사시키려 하지 말라. 고객이 기꺼이 구매할 용의가 생기기도 전에 판매 계약을 성사시키려 들면 판매는 물 건너간다. 시간 내줘서 고맙다는 인사를 듣고 문으로 안내되어 그 사람을 다시는 볼 일이 없어진다. 타이밍은 정말로 중요하다.

6단계: 거래의 성사

거래는 어떻게 체결할까? 고객에게 구매 결정을 내리도록 요청하면 된다.

내 경험에 비추어보면 주문을 요청하는 데 많은 방법은 필요 없다. 여러 종류의 상품과 서비스가 다양한 방식으로 팔리고 있지만 거래를 성사시키는 최상의 방법 중 하나는 이렇게 말하는 것이다. '더 질문하실 일이 없으면 이제 다음 단계는 이렇게 진행됩니다.' 그런 후 진행 계획을 알려주며 이제부터 당신이 어떻게 할지를 설명하라. '이제 제가 이 신청서에 고객님의 서명을 받아야 합니다. 이 항목에 체크도 받아야 하고요. 그다음엔 이 신청서를 저희 사무소로 제출할 겁니다. 그러면 화요일에 고객님의 상품이 출고되어 수요일에는 설치 기사가 아침 10시경에 방문해 사용법

을 알려드릴 겁니다. 괜찮으시겠습니까?'

다시 말해 고객에게 절차를 설명해주는 것이다. 우리끼리 사용하는 표현으로 말하자면 '딴소리로 판매를 권하는 것'이다. '더 질문하실 일이 없으면 고객님이 상품을 구매할 다음 단계는 이렇게 됩니다. 구매 절차는 이렇습니다. 고객님은 이러저러하게 하시면 되고 저희가 설치를 언제 해드릴 거고 그다음에는 또 이렇게 됩니다.' 이렇게 설명한 다음에 고객에게 '어떠십니까?' 하고 물어보면 대체로 이렇게 말한다. '좋네요.'

7단계: 재판매와 추천

재판매는 그 고객에게 상품을 재차 판매하는 것이다. 세계의 성공한 기업들 대다수는 반복 판매에 기반을 두고 있다. 이 기업의 고객들은 만족도가 높아 상품을 또 사고 또 사면서 지인들에게도 얘기해준다.

추천도 신경 쓸 만한 부분이다. 상품을 팔기 가장 쉬운 사람은 추천을 받은 사람이다. 그 사람이 좋아하고 존경하는 누군가가 당신의 상품을 구입했다가 추천해주는 경우다.

언제가 되었든 다시 찾아가 고객이 만족스러워하는지 확인하라. 그리고 당신의 상품에 관심을 가질 만한 사람들이 또 있으면 이름을 알려달라고 부탁하라.

나는 처음 일을 시작할 때만 해도 영업이 배워서 익힐 수 있는 기술인 줄 몰랐다. 가장 시급한 문제는 친밀감과 신뢰를 끌어내는 일이었다. 사람들이 나에게 호감을 갖게 만들어야 했다. 몇 마디 나눠보지도 않고 사람들이 이렇게 말했기 때문이다. '와주셔서 감사하지만 정말로 관심이 없어요', '이러셔봐야 괜한 시간 낭비예요', '오늘은 저희가 정말 바빠서요.'

그러다 내가 이것저것 물어보고 고객들의 대답을 귀 기울여 듣고 더 자세히 물어보자 이들은 내가 파는 상품이 무엇이고 어떤 쓰임새가 있을지 관심을 갖기 시작했다. 사실 이 방법은 영업 수업을 한 번이라도 들으면 터득할 수 있을 만큼 간단하다. 일단 기술을 터득하자 이제 가장 문제는 판매 성사였다. 나중으로 미루지 않고 지금 행동을 취하게끔 유도하기가 힘들었다.

판매 성사와 관련해서 전면적으로 노력하기 시작했다. 책과 오디오 프로그램을 닥치는 대로 사서 날마다 반복해서 읽고 들었다. 걸어 다니면서도 오디오 프로그램을 들었다. 오전과 저녁의 쉬는 시간을 비롯해 짬이 날 때마다 책을 읽으며 밑줄을 쳤다. 거울 앞에서 연기 연습을 하는 배우처럼 연습한 끝에 믿을 수 없을 만큼 판매 성사에 능숙해졌다.

12개월 뒤 내 판매 실적은 10배로 뛰었다. 전 세계 영업 사무소 직원 전체에서 상위권에 올랐고, 내 밑에서 일하는 사람들이 늘면서 가산 수당으로 많은 돈을 벌었다.

이쯤에서 놀라운 소식을 전하자면 숫기 없는 성격이든, 교육 수준이 높든 낮든 가릴 것 없이 누구나 정말로 뛰어난 영업 실력을 키울 수 있다. 영업은 배워서 익힐 수 있는 기술이며 우리 사회에서 17퍼센트의 사람들이 영업 일을 하고 있다. 이 사람들의 소득은 판매를 성사시켜 돈을 받고 그 돈을 가지고 집이나 사무실로 가는 능력과 직결되어 있다.

이 17퍼센트의 사람들이 이 일로 밥벌이를 잘하고 있다면 당신도 할 수 있다. 단지 영업 실력 쌓기에 집중하는 것만으로 고소득자 대열에 들 수도 있다. 그렇게 집중하다 보면 어딜 가나 당신에게 기회의 문이 열릴 것이다.

CHAPTER 8

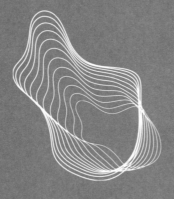

함께할 때
더 크게 성장한다

○

●

'생산성'과 '대인관계'라는 단어는 개념
이 다르게 느껴지기 때문에 한 문장에서 같이 쓰는 것이 이
상해 보일지 모르겠다. 보통 생산성이라고 하면 효율성, 투
입 대비 산출의 최대화, 성과 내기를 떠올린다. 대인관계의
경우엔 복잡함, 세심함, 정서적 유대, 오붓한 시간 등을 떠
올린다. 두 개념은 아주 달라 보인다.

사실 대인관계에도 생산성의 개념을 적용하면 관계가 향
상되기도 하는 측면이 있다. 그런가 하면 어떤 측면에서는
생산성의 개념을 적용하지 않으면 관계가 무너질 소지도
있다. 이 두 측면의 차이를 이해하는 것이 중요하다.

우선 생산성이 대인관계를 향상시킬 수 있는 경우부터
살펴보자. 이런 경우는 다른 사람들과 교류하는 직장 생활

에서 특히 두드러진다.

내가 40~50년 동안 해온 모든 일을 되돌아보면 이른바 마스터마인드 관계mastermind relationship에 주목하게 된다. 이 관계는 2명 이상이 모여서 아이디어를 주고받으며 공통의 목표를 향해 노력하는 관계다. 이 공통의 목표는 서로에게 최고의 이익이 되기도 한다.

코칭 프로그램의 첫날 나는 이렇게 말한다. "이 강의를 듣고 집에 돌아가시면 가장 먼저 할 일이 있습니다. 여러분의 첫 마스터마인드 관계를 맺는 일입니다. 다른 업계에서 일하는 사람 4, 5명을 찾고 함께 사업 마스터마인드를 만들자고 청하면서 가까운 식당에서 같이 아침이나 점심을 먹으세요.

그 자리에서 이렇게 말하세요. '우리가 앞으로 전진하는 삶을 살아갈 최선의 방법 중 하나는 야심 있고 적극적이며 앞서나가려 노력하는 사람들과 아이디어를 공유하는 겁니다. 일주일에 한 번씩 다 같이 모여서 문제 하나씩을 다룹시다. 사업 확장에 관한 문제도 좋고, 아니면 일하는 시간과 가족과 보내는 시간 사이의 균형 맞추기 같은 이런저런 문제를 얘기해보는 겁니다. 서로 아이디어를 주고받으면서 매주 모입시다. 어때요?'"

그저 모여서 잡담을 나누는 마스터마인드 관계도 괜찮고, 특정 문제에 집중하는 마스터마인드 관계도 좋다.

내 친구 중 한 명은 일주일에 한 번씩 성공에 관한 책 한 권을 가져와 다 같이 읽는 마스터마인드 모임을 만들었다. 모임의 구성원들은 가까운 식당에서 오전 6시 30분부터 8시까지 매주 한 사람씩 돌아가며 다른 사람들을 위해 서평을 해주었다. 서평 후에는 책에 관한 질문을 주고받기도 했다.

이 모임은 해당 책을 읽고 참석하는 조건으로 사람들을 초대했다. 그래서 책을 읽을 마음이 없거나 이전에 책을 읽지 않고 모임에 나왔던 것이 밝혀지면 초대받을 수 없었다.

사람들은 이 마스터마인드 모임으로 평생의 삶이 변화했다고 말했다. 모든 구성원의 경력이 크게 발전하고, 소득이 올라가고, 만족감과 행복도도 높아졌다. 감동 그 자체였다. 이 모임을 만든 의사는 지역사회에서 가장 존경받는 인물로 떠오르는 동시에 최고 부자가 되기도 했다.

마스터마인드 관계의 목적은 뭘까? 나폴리언 힐이 발견해낸 바에 따르면, 모든 재능 있는 사람은 어느 정도 수준까지 성공한다. 그러다 한 사람 이상의 재능 있는 임원과 정기적으로 모이기 시작하면 그야말로 폭발적으로 성장한다. 존 록펠러나 헨리 포드나 토머스 에디슨 같은 사람들이 그런 경우였다. 이들 모두 자신과 비슷한 사람들과 마스터마인드 모임을 가졌다.

내 강의를 들은 사람들에 따르면 마스터마인드 모임에 들어오라고 청했을 때 거절한 사람이 없었다고 한다. 심지어 생판 모르던 지역사회 유수의 임원들도 예외가 아니었다. 모두 마스터마인드의 개념을 좋아했다고 한다.

다른 분야에서 일하지만 당신과 마찬가지로 성공하려는 야심을 품은 사람들과 함께하면 삶에서 가장 생산적인 시간을 경험할 수 있다. 지금까지 수많은 사람에게 이 마스터마인드 모임은 부유해지느냐 가난해지느냐, 고전을 면치 못하느냐 정상에 오르느냐를 가르는 주요 요소로 작용했다.

중요한 타인들

가족이나 배우자와의 관계는 우리에게 무엇보다도 중요하다. 인간이 이처럼 중요한 타인(의미 있고 중요하며 자신의 지각, 관념 및 태도 등을 형성하는 데 많은 영향을 주는 사람-옮긴이)과 관계 맺는 이유는 뭘까? 아주 간단하다. 서로 아무 사이도 아닌 경우보다 더 행복해지기 위해서다. 두 사람이 완전히 남남인 경우보다 훨씬 큰 도움이 되는 식으로 협력하기 위해서다.

　중요한 타인이 당신의 가장 좋은 벗일 때 당신은 좋은 관계를 맺고 있음을 느낀다. 이제 결혼할 준비가 되었음을 느끼는 것도 가장 좋은 벗을 만났을 때다. 다른 사람이 아닌 그 사람과만 같이 있거나 이야기하거나 휴가 가거나 골프를 치고 싶어진다.

　관계는 두 사람 모두에게 소중해야 한다. 관계를 맺은 사람들은 상대의 삶이나 일의 질이 더 좋아지도록 헌신적으로 도와야 한다.

　그러려면 어떻게 해야 할까? 앞에서도 이야기했듯, 모든 사람에게는 현재의 위치에서 자신이 바라는 위치로 전진하지 못하도록 막는 모종의 장애물들이 있기 마련이다. 따라서 당신의 임무는 상대가 잠재력을 충분히 발휘하지 못하게 방해하는 문제와 장애물, 제약을 찾도록 도와주는 일이다.

　부모의 임무는 자녀가 장애물을 극복하고 문제를 해결하고 목표를 이루도록 힘이 되어주고 잠재력을 발휘하도록 돕는 일이다. 자녀들을 위해 바람직한 일을 해주는 것이다.

　관계에서는 무엇보다 시간이 중요하다. 관계의 가치는 상대와 얼굴을 마주 대하며 보내는 시간과 정비례한다. 남편, 아내, 중요한 타인 사이의 관계에서 행복도는 상대와 대화하며 보내는 시간과 정비례한다.

훌륭한 시간 관리 원칙 중 하나는 전자 기기들의 전원을 꺼놓는 것이다. 퇴근해서 집에 오면 TV를 끄고, 컴퓨터를 끄고, 다른 기기들도 꺼놓아라. 100퍼센트 상대방에게만 집중하라. 오늘 뭘 했고, 어떻게 보냈고, 요즘 무엇에 관해 노력하고 있는지 물어보라. 아주 중요한 일이다.

상대방이 당신의 근황을 물어보길 기다리지 말고 먼저 말을 걸면서 상대방의 생활을 물어보라. '오늘 뭐 하면서 보냈어?', '그다음엔 뭘 했는데?' 상대방에게 집중하고 대화의 물꼬를 터라.

마스터마인드 관계에서도 생산적이고 의미 있는 대화를 위해 적절하게 질문하는 것이 중요하다. '뭐 하면서 보냈어요?', '오늘 오전엔 뭐 했어요?', '그다음에는요?' 상대방이 더 할 얘기가 없으면 당신에게 질문할 것이고, 이번에는 당신이 대답하면 된다.

자녀를 강인하고 긍정적이고 자신감 있게 키우는 최상의 방법은 당신 자신이 자녀의 삶에서 가장 영향력 있는 사람이라는 점을 잊지 않는 것이다. 자녀에게 많은 관심을 갖고, 자기 자신이 소중하고 중요하고 멋진 사람이라고 느끼게 해줘야 한다.

저녁에 집에 돌아오면 자녀와 함께 10~15분 정도 시간을 보내며 그날 하루가 어땠는지 물어보라. 대다수 부모처럼 말을 늘어놓지 말라. 현자라도 되는 양 지식을 베풀지 말고 그냥 이렇게 말하면 된다. '오늘 어땠어?', '학교에서 뭐 했어?', '잘돼가고 있어?', '요즘 힘든 일은 뭐야?', '내가 도와줄 일이 있으면 말해봐.'

자녀와 이야기할 때는 눈높이를 맞추는 것이 좋다. 자녀가 앉아 있다면 당신도 앉아라. 자녀가 바닥에 엎드려 있으면 당신도 바닥에 엎드려라. 어떤 상황에서든 이야기하는 사람과 눈높이를 맞춰라. 비즈니스 자리나 마스터마인드 관계에서도 눈높이를 맞춰야 한다. 왜냐하면 두 사람이 교감할 수 있는 유일한 방법이기 때문이다.

관계에서 생산성이란 당신이 상대방과 함께하는 모든 순간이 두 사람 모두에게 소중한 순간이 되길 바라는 것이다. 서로의 생각, 통찰, 경험을 주고받으라. 문제를 극복하고 제약을 해결하거나 제거하는 방법을 함께 찾으라.

관계에서 가장 중요한 것은 상대를 돕겠다는 관점에서 생각하는 일이다. 다른 사람과의 관계를 통해 당신이 누리고 싶은 도움은 무엇인가? 당연한 얘기지만, 이런 관계에서 누리는 것이 많을수록 관계는 더 생산적이고 소중해진다.

내가 아내와 맺고 있는 관계는 내 평생에서 가장 소중하다. 아내와의 관계에 비하면 다른 모든 것은 부차적이다. 나는 이런 사실을 속으로만 생각하지 않고 항상 말해주기 때문에 아내는 그 사실을 잘 안다.

내 아이들은 자신들이 나에게 얼마나 소중한 존재인지 안다. 나는 늘 이렇게 말한다. "너는 나에게 이 세상 그 무엇보다 소중해."

아이들 모두 그 사실을 알고 있기에 이렇게 대꾸한다. "알아요, 아빠. 제가 아빠한테 소중한 사람이라는 걸요."

관계에서 생산성을 기하려면 오해, 의심, 불평을 없애고 마음을 활짝 열어야 한다.

내 아이들의 소득, 생활수준, 결혼 생활, 자녀 양육도 모두 중요한 일이기에 많은 시간을 할애한다.

내가 어떻게 도와줄 수 있을까? 어떻게 이끌고 지도해야 해결의 문을 열어줄 수 있을까? 아이들도 내가 자신들의 삶의 질에 친밀하게 관여하고 있음을 잘 안다.

나는 아이들이 배우자와 갖는 관계에도 많은 시간과 관심을 할애한다. 내가 아이들의 배우자들을 정말로 소중히 여긴다는 것을 느끼게 해주려 한다. 아이들에게는 그들이 삶에서 얼마나 좋은 사람을 얻었는지, 또 얼마나 탁월한 선택을 했는지 얘기해주기도 한다.

좋은 관계를 판가름하는 한 가지 척도는, 함께할 때면 언제나 다 같이 웃는지 아닌지를 보는 것이다. 우리는 함께 모이면 다 같이 웃는다. 애들도 웃고, 성인이 된 아이들도 웃고, 그 배우자들도 웃는다. 누군가 관계의 생산성에 대해 말하면 나는 얼마나 함께 웃는가를 주요 척도로 삼는다.

앞에서도 얘기했다시피 생산적이고 가치 있는 관계를 위해 가장 중요한 것은 서로 얼굴을 보는 시간이다. 바로 얼굴을 마주 보며 머리와 무릎을 맞대고 마음을 터놓는 시간이다. 당신이 더 많이 들어줄수록 상대방은 당신을 더 많이 좋아하고 신뢰하며 마음을 활짝 열 것이다.

관리자나 리더가 부하 직원들에게 건넬 수 있는 최고의 말은 다음과 같다. '요즘 어떻게 지내요?', '가족들은 어떻게 지내요?', '아이들은 어떻게 지내요?' 이처럼 열린 질문을 받으면 친밀성의 정도를 깊거나 얕게 선택해서 대답할 수 있다.

대답을 듣고 더 자세히 물어볼 수도 있다. 명심하라. 뭔가를 묻고 대답을 들은 후 더 자세히 묻지 않으면 상대방의 말을 그다지 관심 있게 듣지 않았다는 의미다. 어떻게 지내냐는 물음에 상대방이 대답하면 다음과 같은 식으로 말하라. '어쩌다 그렇게 됐는데요?', '그 얘길 듣고 어떻게 했어요?', '이제 어떻게 할 생각이에요?'

더 자세히 물어보면 당신이 상대방의 일에 대한 관심이 깊다는 인상을 심어줄 수 있다.

많은 관리자가 이렇게 생각한다. '난 너무 바빠. 직원들하고 캠프파이어에 쪼그리고 둘러앉아 길게 잡담이나 나눌 시간이 없다고.'

하지만 이런 일에는 시간이 많이 들지 않는다. 그냥 일을 해나가는 도중에 자연스럽게 물어보면 된다. '요즘 어떻게 지내요? 내가 도와줄 수 있는 일은 없어요? 앞으로의 계획은 어떻게 돼요?'

예를 들어보겠다. 내 회사에서 나는 이런 식으로 말했다. "우리는 당신이 행복하길 바라요. 여기에서 일하는 모든 사람이 행복하면 좋겠어요. 어떤 이유로든 행복하지 않다면 다른 관리자나 나에게 얘기해요. 가능하다면 부서나 일을 바꿔줄 테니까요. 우리는 당신이 불행하지 않길 원해요. 우리가 당신을 행복하게 해주지 못하거나 당신이 다른 곳으로 옮겨야 행복해질 것 같다면 그곳으로 가세요. 다른 사람들과 일하거나, 다른 일을 해봐요."

해가 거듭되면서 모든 직원이 언제든 회사를 옮겨도 괜찮다는 것을 깨달았다. 그래서 이제는 자신이 해볼 수 있는 일은 다 했다거나 회사에서 오를 수 있는 자리까지 오르면 다른 자리를 얻어 나간다. 그렇게 이직하는 사람이 생기면 우리는 같이 나가서 점심을 먹는다. 그 사람이 앞으로 뻗어 나가 더 높이 올라선 것을 축하해준다. 그래서인지 이직에 대해 은밀히 얘기해야 한다고 여기는 사람이 없다.

"다른 자리에 지원했는데 만약 합격하면 지금의 제 기술을 더 차원 높게 활용할 수 있을 것 같아요." 누가 이렇게 말하면 우리는 "잘됐네요"라고 말해준다. 추천장도 써주고 그 직원이 다음 단계로 도약할 수 있도록 가능한 한 모든 방법을 동원해 도와준다. 사람은 자신이 모두에게 마음을 열고 솔직해질 수 있다는 사실을 알면 놀라울 정도로 행복해진다. 직급이 높은 사람일수록 특히 그렇다. 그것이 바로 생산적인 관계다.

운명을 결정하는 것은
나 자신이다

○

●

'당신이 평생에 걸쳐 이루고 싶은 변화는 뭔가요?' 사람들이 가장 흔히 하는 질문 중 하나다.

변화를 일으키고 싶어 하지 않는 사람은 없다. 모두가 중요한 사람이 되고 싶어 한다. 모두가 가치 있는 사람이 되고 싶어 하고 다른 사람들에게 호감과 존경을 얻고 싶어 한다.

신기하게도, 우리가 정말로 하고 싶은 일을 하면 정말로 함께하고 싶은 사람들과 일하게 되고, 정말로 일을 잘하게 되고, 온갖 가능성이 열리게 된다. 사람들이 당신의 회사에 다니는 것을 즐거워하고, 당신의 목표를 이루도록 도와주고, 당신에게 기회의 문을 열어준다. 당신은 더 가치 있는 사람이 되는 동시에 일을 더 잘하게 된다.

개인적 목적과 목표를 세워 목록을 만드는 일도 중요하다. 당신 자신을 아주 가치 있고 중요한 사람이라고 생각하라. 당신은 가치 있고 중요한 사람으로서 삶과 활동을 체계화하여 자신이나 가장 중요한 사람들을 위해 최고의 성과를 내야 한다.

자신에게 중요한 것을 수행하고 발전하면서 가장 중요한 목표를 향해 나아갈 때마다 당신 자신에게 만족감을 느끼게 된다. 더 기운이 생기고 자존감과 자신감이 높아진다. 속도가 빨라지고 유연성이 늘어난다. 주변 사람들에게 선망과 존경을 얻기도 한다.

그러니 이제 할 일은 인간으로서 당신의 운명을 펼치는 것이다. 당신만이 운명을 결정할 수 있다. 스스로 운명을 개척하기로 결정했다면 글로 적고 계획을 짠 후 끊임없이 노력하라. 가능한 한 가장 행복한 사람이 되기 위해 해야 할 중요한 일들을 더 잘해내는 데 힘쓰라.

브라이언 트레이시
성공의 지도

초판 1쇄 발행 2022년 5월 31일
초판 5쇄 발행 2023년 12월 11일

지은이 브라이언 트레이시 **옮긴이** 정미나

발행인 이재진 **단행본사업본부장** 신동해 **편집장** 김경림
책임편집 김하나리 **교정교열** 강진홍 **디자인** 희림
마케팅 최혜진 이인국 **홍보** 반여진 허지호 정지연 송임선
국제업무 김은정 **제작** 정석훈

브랜드 갤리온
주소 경기도 파주시 회동길 20
문의전화 031-956-7350(편집) 031-956-7089(마케팅)
홈페이지 www.wjbooks.co.kr
인스타그램 www.instagram.com/woongjin_readers
페이스북 www.facebook.com/woongjinreaders
블로그 blog.naver.com/wj_booking

발행처 ㈜웅진씽크빅
출판신고 1980년 3월 29일 제406-2007-000046호

한국어판출판권ⓒ ㈜웅진씽크빅 2022
ISBN 978-89-01-26061-7 [03190]